DANYINJIE XINGRONGCI YU MINGCI DAPEI YANJIU

单音节形容词与名词搭配研究

步延新 ◎ 著

图书在版编目（CIP）数据

单音节形容词与名词搭配研究 / 步延新著. -- 哈尔滨 : 哈尔滨出版社, 2024.3
ISBN 978-7-5484-7769-3

Ⅰ. ①单… Ⅱ. ①步… Ⅲ. ①汉语－对外汉语教学－研究 Ⅳ. ①H195.3

中国国家版本馆CIP数据核字（2024）第048386号

书　　名：单音节形容词与名词搭配研究
DANYINJIE XINGRONGCI YU MINGCI DAPEI YANJIU

作　　者：步延新　著
责任编辑：韩金华
封面设计：树上微出版

出版发行：哈尔滨出版社（Harbin Publishing House）
社　　址：哈尔滨市香坊区泰山路82-9号　　邮编：150090
经　　销：全国新华书店
印　　刷：武汉市籍缘印刷厂
网　　址：www.hrbcbs.com
E-mail：hrbcbs@yeah.net
编辑版权热线：（0451）87900271　87900272
销售热线：（0451）87900202　87900203

开　　本：880mm×1230mm　1/32　印张：9　字数：173千字
版　　次：2024年3月第1版
印　　次：2024年3月第1次印刷
书　　号：ISBN 978-7-5484-7769-3
定　　价：68.00元

形者，言乎事物已有之情境也。故静字与动字两相对待。静字言已然之情景，动字言当然之行动。行动必由事物而发，而情景亦必附事物而著。如但曰长短，曰轻重，曰多寡，曰大小，则悬而无凭，又谁知长短者何，轻重者何，多寡者何，大小者何哉。必曰布帛长短同，麻缕丝絮轻重同，五穀多寡同，屦大小同，而后所言不齐之情乃有所属矣。夫然而天地之博厚、高明、悠久，至圣之聪明睿智、宽裕温柔、发强刚毅、齐庄中正、文理密察，与夫《荀子·荣辱篇》“目辨白黑美恶，耳辨音声清浊，口辨酸咸甘苦，鼻辨芬芳腥臊，骨体肤理辨寒暑疾养”，皆静字也。

——《马氏文通》

前　言

词语搭配是语言深层知识的体现，它不仅是本族语学习的一个难点，也是汉语作为第二语言教学的重点和难点。句子是由一个词一个词串联而成的，但词与词并不是简单随意地堆砌累加，而是要遵循一定的内部机制，同时还要服从外部条件的制约。在这些条件的制约下，词与词组成了一些固定或半固定的搭配形式，这些搭配形式构成了自然语言的主体。对这些搭配形式掌握的程度如何直接反映了一个人的语言水平，因此，“词语搭配是语言学与应用语言学领域最为重要的概念之一”（卫乃兴，2002）。语言教学和学习者，特别是高级阶段的语言学习者都非常重视对搭配形式的学习。

“搭配”(collocation) 这一概念是 1951 年由英国功能语言学家弗思（Firth）最先提出来的。之后，韩礼德（Halliday）等人进一步发展了弗思的理论，并在此基础上提出了一整套新的概念和研究方法。随着现代科学技术的发展，新弗思学派提出了应该从语料库中提取搭配例证进行研究的方法，这一方法对词语搭配的研究产生了极大的影响。几十年来，学者们针对“搭配”的概念、分类及研究方法不断进行探索，在理论和实践上都取得了巨大的成绩。

在我国，“搭配”这一概念主要出现在现代汉语教科书修改病句的章节中，如主谓搭配不当、动宾搭配不当等。对“搭配”这一语言现象的讨论与研究始于20世纪五六十年代。邢公畹（1978）、文炼（1982）、马挺生（1986）、赵学武（1987）等学者从语法、语义的角度对词语搭配的关系、词语搭配的形式和条件等问题进行了论述。朱德熙正式提出“词组本位”的理论。朱德熙（1985）认为：“由于汉语的句子构造原则跟词组构造原则基本一致，我们就可能在词组的基础上来描写句法，建立一种以词组为基点的语法体系。”到了20世纪90年代，学者们更加重视对“搭配”的研究。张志公在给《现代汉语实词搭配词典》的全体编写人员的信中指出：“在任何语言里，词语搭配都是一个重要问题，在汉语中，尤其突出。”（转引自张寿康、林杏光，1992）近年来，信息化、现代化程度不断提高，语言研究理论也突飞猛进地发展，学者们对词语搭配的研究也进入了一个新的阶段。黄天树（2006），方寅、张成福（2007），龙涛、杨逢彬（2007）等学者以汉语为研究对象，对古代汉语中虚词的搭配、现代汉语动量词的搭配、个体名词和度量词语搭配等问题进行了研究。这些研究表明，学者们早已对词语搭配问题给予了特别关注，并且从不同的角度进行了探讨和研究。现有的词语搭配研究中，面向汉语教学的研究还相对较少，而直接面向对外汉语教学的词语搭配研究更是薄弱。

在汉语教学中，词语搭配不当的问题相当突出。林杏光（1990）曾经对100名中国学生作文中的语病进行统计调查，统计结果显示："词语搭配不当的问题占全部语病的百分之七十。"在对外汉语教学中，随着汉语水平的逐步提高，留学生在词语搭配方面的问题也越来越突出。考试时，留学生最头痛的题型就是选择恰当的词语填空，面对几个形近意似的备选答案，不知道该如何选择。口语表达或写作时，只是简单地将联想到的词一个个堆砌起来，经常说出一些令人费解的句子。可见，词语搭配是语言学习中不可或缺的重要环节。

在汉语作为第二语言教学中，我们可以感受到，动词搭配不当的问题比较突出。学生们非常重视对动词搭配的学习，特别是高年级同学对每个动词的搭配形式都非常关注，而对形容词的搭配却没有予以足够的重视。学者们对动词搭配的研究也比较深入（张国宪，1990；王宏斌1998；由丽萍、王素格，2005），但相对于动词而言，形容词的搭配研究还不够深入。留学生的病句中有一些就是形容词与名词搭配不当造成的。请看下列病句[1]：

①昨天下了强雨。（大雨）

②我没看过什么良书。（好书）

③我们过甜生活。（甜蜜的生活）

④我愿意在中国工作，这里有棒工资。（高工资）

从上面这些病句我们可以看出，留学生在使用形容词时还存在一些问题。这些错误搭配产生的原因并不一致，“强雨”是受母语迁移的影响，因为英语中用“a heavy rain”表示汉语中的“大雨”；汉语中可以说“好书”，但不说“良书”，这是语用问题。汉语中可以说“棒小伙”“甜汤”，但不能说“甜生活”“棒工资”[2]，那么“强、良、甜、棒、好、高”这类单音节形容词到底可以和哪些名词搭配，搭配双方在语义、语用上有什么特征，民族文化对形名搭配有什么影响，常用搭配的使用频率是否会随着时间的变化而变化，不同性质的语料中搭配形式的分布

---

① 例句是作者在教学中收集到的留学生病句。

② 例句中的错误搭配并不一定都是搭配不当的问题，有的也可能是词语缺位等因素造成的，如果补足残缺的部分，就可以构成一个语义完整的句子，如例③可以补充为“我们过甜（蜜的）生活”，因本文讨论的是词语搭配问题，所以暂不考虑词语缺位等其他因素。

是否相同，这些都是非常值得研究的问题。

形容词是用来描写修饰名词、代词的一个词类，可以用来表示人或事物的性质、状态、特征或属性，常用作定语，也可作表语、补语或状语。形容词具有非常活跃的语法功能和复杂的变化形式，其最主要的句法功能是作定语，用在名词前面起修饰限制的作用[①]。形容词作为汉语中一个重要的词类，学者们非常关注，相关的研究也颇为丰富。单音节形容词，顾名思义，就是只有一个音节的形容词。在上古汉语中单音节词占有很大的优势，这也是汉语的一大特色。单音节词具有多义性、灵活性、能产性等特点。一个单音节词往往有好几个义项，每一个义项都可

---

① 关于形容词主要的句法功能，学界还存在一些争议，主要有三种不同的看法：（1）黎锦熙（1998）认为形容词的主要功能是作定语，张志公（1979）在《汉语知识》中指出“形容词的最主要用途是作定语”，坚持这一观点的还有张伯江、方梅（1996），沈家煊（1999）等；（2）朱德熙（2000）、郭锐（2002）等人认为形容词的主要功能是作谓语；（3）有的学者认为形容词既可以作谓语，也可以作定语，持这种观点的代表人物是吕叔湘（1966）、胡明扬（1993）、邢福义（1996）、孙薇（2003）等。本文赞同第一种看法，认为形容词的主要功能是作定语，修饰名词。

能与其他相关的单音节词组成复音词，其构词能力很强。同样，单音节形容词是形容词中最重要、最核心的一部分。单音节形容词的用法非常灵活，除了可以修饰名词、代词，还可以作状语，甚至可以带宾语（愁工作、辣嗓子）等。因此，对单音节形容词与名词的搭配的研究尤为重要。单音节形容词既可以与单音节名词搭配，也可以与多音节名词（主要是双音节名词）搭配。本书的研究不限制所搭配名词的音节数量，将可以与单音节形容词进行搭配的名词都纳入研究范围之内。

目前，搭配理论和研究方法已经比较成熟，我国学者对词语搭配的研究由来已久，而直接面向汉语作为第二语言教学的词语搭配的研究还比较薄弱。已有的研究主要是针对动词的搭配，而形容词也是非常重要的一个词类，形容词修饰名词又是形容词主要的句法功能之一，因此，本书将借鉴已有的搭配理论，利用现代的语料库技术对汉语单音节形容词与名词的搭配情况进行量化的统计分析，目的是揭示单音节形容词与名词搭配的规律，从认知语言学角度探求搭配双方在语义、语用上的特点，通过词典语义对比方法了解不同民族语言中形名搭配所具有的文化内涵，并对某些常用搭配在不同性质、不同阶段语料中的使用频率进行量化的统计分析。本书根据研究结果制定出适合留学生使用的单音节形容词与名词搭配表，希望能为汉语作为第二语言教学的词汇教学、教材编写及词典编纂等方面作出贡献。

目　录

第一章　形容词研究与词语搭配研究

第一节　汉语单音节形容词研究

一、汉语单音节词

许嘉璐先生（2002）认为："汉语是单音节语，有限的语言表达无限的意义，造成词义的极度灵活。"徐通锵（2003）也认为汉语是单音节语，即"汉语的基本结构格局是'1个字·1个音节·1个概念'，三者相互一一对应。这是汉语最简单、最基本的结构原则，各种复杂的现象都是以此为基础而生成、运转的"。也就是说，汉语中的合成词一般都是以单音节词为基础层层组合而构成的。无论是古代汉语还是现代汉语，单音节词都是汉语中最重要、最核心的部分，是语言学习和研究的重点。

1. 古代汉语中单音节词占绝对优势

就古代汉语而言，学者们一致认为"单音节词占优势"。一些学者对古代专书的用词情况进行过统计，如《孟子》一书共用单音节词1,565个，共用双音节词713个，除去人名、地名、书名等专有名词，普通的双音节词只有

500个左右。《诗经》有单字2,938个，词4,000多个，其中双音节词1,329个，占30%弱。“先秦的古籍，单音节词与双音节词的比例大约为三比一。”（赵克勤，1987）《吕氏春秋》的词汇概况：“全书共有单音节词2,972个，双音节词2,017个，总共近五千词。”（张双棣，1989）从这些数据我们可以看出，单音节词在古代汉语中占绝对优势。

2. 现代汉语中单音节词仍然发挥着重要的核心作用

大部分学者认为：“古代汉语单音节词占优势，现代汉语则是双音节词占优势。”（符淮青，1996）近年来学者们就此问题进行了多方面的探讨和研究，由于研究角度和研究方法不同，从而得出了不同的结论。

（1）大部分学者认为现代汉语中双音节词占绝对优势。1985年出版的《汉语词汇的统计与分析》一书对52万字的语料进行了统计，统计结果显示双音节词为词条总数的73.4%，占绝对优势。另外，据苏新春（2001）统计，《现代汉语词典》（第2版）共收词目56,147条，其中单字词目10,540条，双音节词目45,607条。

（2）部分学者认为现代汉语是单音节词和双音节词并重的一种语言。陈明远（1981）在《数理统计在汉语研究中的应用》一文中指出，从现代汉语书面语中的词汇使用情况来看，在社会科学、自然科学和技术等种类的材料里，单音节词的出现率占49%，双音节词的出现率占47%，因而“我们只能说现代汉语在词汇方面是单音节词和双音节词并重的语言”。另外，据《现代汉语频率词典》统计，3,000 个常用词对语料的覆盖率为 86.7%，其中有 1,337 个单音节词和 1,663 个复合词。在高频词中单音节词和双音节词的比例基本持平。

（3）上述两种观点基本是从单音节词和双音节词使用频率的角度来判断它们在现代汉语中的地位，最近几年又有学者从其他角度对单音节词和双音节词在现代汉语中的地位问题进行了深入研究。他们对《现代汉语频率词典》中频度最高的前 9,000 个词进行了研究，这些词中有单音节词 2,400 个，双音节词 6,285 个，二者的数量之比约是 1∶2.5，单从数量上看是双音节词占优势。但是从其他方面看，就可以发现单音节词的优势：①从出现频率来看，单音节词平均为 350 次，双音节词平均为 60 次，单音节词的使用频率差不多是双音节词的 6 倍；②从基本词发挥的作用来看，越是核心词，单音节词在其中所占的比重越大。比如使用频率最高的前 2,000 个词中，单音节词占 957 个，双音节词占 1,020 个。二者在数量上基本持平，但是它们的使用频率之比却是 2.5∶1，而在使用频率最高的前 1,000 个词中，单音节词与双音节词之比为 565∶431，在前 500 个词中，二者之比是 332∶166。另据《现代汉语频率词典》统计，政论、科普、口语、文学 4 类语料中，单音节词数为 3,751 个，约占统计总词数 31,159 个词的 12%，复合词数为 27,408 个，约占总词数的 88%。在全部统计材料中，单音节词出现的词次占

64.3%，而复合词出现的词次占35.7%。由此可见，“在现代汉语中，单音节词在较常用的9,000个词中，虽然数量只占1/4，但是在汉语词汇系统中发挥着极其重要的核心作用。”（苏新春，1995）

此外，从认知语言学的角度来看，单音节词在人类认识事物的过程中也占有非常重要的地位。人类对事物的认识是分层级的。“在人类的概念层级中，最重要的不是较高层次范畴的‘动物、家具、交通工具’，也不是较低层次范畴的‘波斯猫、扶手椅、敞篷跑车’，而是位置居中的‘猫、椅子、汽车’。”（张敏，1998）这个层级被称为基本层次范畴，它在人类的认知中占有最基本的地位。“树、花、饭、人……”这个基本层次范畴中的概念多用单音节词来表达，因此，单音节词在人类认识事物的过程中占有重要的地位。

上面我们从不同的角度论述了单音节词在汉语中的重要地位，从中我们可以总结出，单音节词是汉语中的基本词汇，使用频率高，能产力强，义域宽广，在汉语中占有极其重要的地位。“它是描写现代汉语词汇的突破口。”“要学好汉语词汇，首先要学好汉语单音节词。”（王又民，1994）

二、汉语形容词

我国第一部语法专著《马氏文通》把汉语词分为9类：实字5类，虚字4类。“凡实字以肖事物之形者，曰静字。”“静字分两门：曰象静，曰滋静。象静者，以言事物之如何也，滋静者，以言事物之几何也。”“‘目辨白黑美恶，耳辨音声清浊，口辨酸咸甘苦，鼻辨芬芳腥臊，骨体肤理辨寒暑疾养’，皆静字也。”（马建忠，2000）客观事物之间存在着各种各样的差别，形容词承担了描绘这些细致差别的任务，凡是能够把事物的性状形象地描绘出来的实字就是形容词。黎锦熙（1998）的《新著国语文法》正式确定了形容词的词类地位，把形容词定义为“用来区别事物之形态、性质、数量、地位的，所以必附加于名词之上”，并且把形容词分为性质形容词、数量形容词、指示形容词、疑问形容词4类。王力（1985）在《中国现代语法》中给形容词下了一个极其明确的定义：“凡词之表示实物的德性者，叫做形容词。”形容词的主要功能是构成描写句，“描写句是用来描写事物德性的”。朱德熙（1982）提出了区别词的概念，论述了形容词与动词的区别、形容词的分类，以及不同类型的形容词在语法功能上的差异等。吕叔湘（1979）在《汉语语法分析问题》中提出了非谓形容词的概念。这种提法是十分有创见的，注意到了前人未曾注意到的极具汉语特色的现象。叶长荫（1993）依据形容词做谓语时功能的不平衡性将其分为唯谓形容词、条件能谓形容词、非条件能谓形容词。黄伯荣、廖旭东（1997）认为：“照汉语的老传统，词可先粗略分为实词和虚词。”过去曾以意义为标准，认为意义实在的叫实词，意义空虚的叫虚词；现在以功能为主要依据，认为能充当句子成分（当然有词汇意义、语法意义）的是实词，不能充当句子成分、只有语法意义的就是虚词。

由此可见，形容词是现代汉语中非常重要的一个词类[①]，具有非常活跃的句法功能和复杂的变化形式，还可以根据不同标准再进一步分为若干小类，是一个非常值得研究的对象。形容词是实词中非常重要的一个类别，表示性质、状态，可以做谓语和定语，多数能直接修饰名词，也大都能接受程度副词的修饰。形容词一直是学界研究的重点。

三、汉语单音节形容词

单音节形容词是形容词中最核心、最重要的组成部分，学者们一直非常重视对单音节形容词的研究。总体来

---

① 对于形容词是不是一个词类的问题，学界历来有争议。大部分学者持肯定意见，Chomsky等多数研究者一致把形容词、名词、动词和介词并列放入普遍语法，当作基本结构词类。（程工，1998）持不同意见的人也不少，如Hale（1994）就认为形容词是语言中可变异的部分，形容词的句法功能在Navajo语中由动词担任，在Warlpiri语中由名词担任。McCawley（1992）等人认为汉语中的形容词无论从句法表现还是从构词法上都无法把它与动词区分开来，因此只能算是（不及物）动词。本书认为形容词是一个独立的词类，它具有独特的语法特征，可以用“很”修饰，不能带宾语。“凡受‘很’修饰而不能带宾语的谓词是形容词。”（朱德熙，2000）

看，学者们的研究主要集中在以下几个方面。

1. 单音节形容词的句法功能

吕叔湘（1966）的《单音节形容词用法研究》是专门研究单音节形容词的重要文献，文章对《普通话三千常用词表》里的140个单音节形容词进行了比较全面的考察和分析，目的是要了解单音节形容词的具体用法。考察结果显示，同类的单音节形容词在程度修饰上存在差异，单音节形容词可以修饰名词、修饰动词、直接补充动词、作“动＋得”的补语、作谓语、后面带名词性成分、用作名词、后面＋ de。文章不仅详细考察了单音节形容词上述9种情况的具体表现，还分析了不同用法之间的内在联系，并提出了一些值得关注的句法语义现象。吕叔湘（1965）曾对《海市》一书出现的1,400多个形容词进行了全面的考察，研究结果显示：“单音节形容词修饰单音节名词为多，二者的组合多数像一个单词，双音形容词修饰双音名词为多。”陆志韦（1956）的《北京话单音词词汇》对大量北京口语材料进行了研究和分析，其中也涉及单音节形容词的句法问题。

20世纪90年代以来，学者们就单音节形容词的句法功能问题，进行了多方位、多角度的探讨。张伯江（1997）指出，就汉语形容词的范围来说，“本质属性词，以单音节的为主，能自由地作定语，也能作谓语”。沈家煊（1997）对口语和书面语各3万字左右的语料进行了统计和分析，结论是“性质形容词更倾向于做定语而不是做谓语，状态形容词比性质形容词更倾向于做谓语”。单音节形容词基本都是性质形容词，这也就是说单音节形容词主要的句法功能是作定语。郭锐（2002）抽样统计了口语和书面语各 1 万字的语料，对性质形容词作定语、谓语是否带标记进行了统计，结论是“性质形容词做谓语都是无标记关联，而做定语既有无标记关联，也有有标记关联”，他认为形容词的主要功能是作谓语。李泉（2001）的《同义单双音节形容词对比研究》中对 156 对（312 个）同义单双音节形容词的重叠能力、句法特征和句法功能等方面进行了测试。统计结果显示，形容词的主要句法功能是作谓语、状语和定语。孙薇（2003）以魏晋南北朝以来的 10 部具有代表性的作品作为语料进行了统计分析，结果显示单音节形容词作定语和谓语始终保持在 30% ~70% 的比例，某个时期定语占优势，另外一个时期谓语占优势，但都不会超过这个幅度。汪强（2006）对《孟子》一书中的单音节形容词进行了研究，结果发现单音节形容词作谓语（不带宾语）、单音节形容词作宾语、单音节形容词带宾语及单音节形容词作定语是该书中单音节形容词的主要特征。李泉（2005）在《单音形容词原型性研究》中依据范畴化的原型理论、语言标记理论、语法化学说等相关语言学理论和方法，对 700 个单音节形容词的各项语法特征和语法功能逐一进行了考察，并根据统计数据进行了详细的分析。虽然众多学者从不同角度，采取不同方法，运用不同理论对单音节形容词的句法功能问题进行了研究和探讨，但至今仍没有得出一致的结论。对于形容词与名词的搭配能力问题，学者们也有讨论，详见后文。

2. 单音节形容词的分类

邢福义（1993）根据性质将单音节形容词分为表示可衡量形状的、表示可目视状态的和表示不可见性质的3类。王玉华（2000）对“单音节形容词＋了”的用法特点进行了考察，并根据考察结果对单音节形容词进行了再分类，其将单音节形容词分为不能带助动词“了”的和能带助动词“了”的两类。根据能否作谓语，将不能带动态助词“了”的形容词又分为非谓形容词和有条件唯谓形容词，而能带动态助词“了”的形容词又可分为无条件唯谓形容词和能谓形容词。再根据能否带宾语又把能谓形容词分为不带宾能谓形容词和带宾能谓形容词。崔艳蕾（2004）认为句法功能对确定词类起确定性作用，因此根据句法功能对性质形容词进行了再分类。

3. 单音节形容词的重叠

朱德熙（1956）对形容词的重叠进行了精辟的论述，不仅对形容词重叠的结构进行了归类，而且还指出形容词的重叠不仅表示属性，“同时还表示说话的人对于这种属性的主观估价。换句话说，它包含着说话人的感情在内”。同时还指出，单音节形容词重叠式在句子里可能占据定语、谓语、状语和补语的位置。在句子里的位置不同，所表现的感情色彩也不同，可以表示加重、强调的意味，也可以表示轻微的意味。吕叔湘认为单音节形容词重叠式有

AA、ABB 和 AXYZ（如黑不溜秋、圆咕隆咚）等形式。马骏（2002）对单音节形容词叠合的表现方式、语法特征和语义特征进行了描写，指出并不是所有的单音节形容词都可以叠合组成 AABB 或 ABAB 式，叠合后的形式仍然具有形容词的词性，仍然具有表示程度和加深描写的作用。方言中单音节形容词的重叠也是学者们非常关注的问题，如李宇明（1996）对泌阳话中性质形容词的重叠及节律问题进行了研究。刘莉芳（2004）对山西晋语中的形容词重叠形式进行了研究。储泽祥（1996）、马清华（1997）、程娟（1999）、石锓（2007）等学者也对单音节形容词的重叠问题进行了研究。

4. 单音节形容词的语义特征

吴颖（2002）的博士论文《现代汉语单音节形容词语义结构研究》面向中文信息处理，重点考察了单音节形容词的句法分布和语义特征，包括单音节形容词作定语、谓语、状语、补语以及单音节形容词的模糊性特征和数量特征；对度量性形容词、时间性形容词、颜色形容词的语义结构进行了研究。车艳妮、赵桂欣（2006）对《诗经》中的单音节形容词词义的发展变化进行了研究，指出随着社会的发展、语言的演变以及人们认识水平的提高，该书中的部分单音节形容词的词义发生了变化，主要是义位的增加或减少、表形容的义位消失或转移等。李艳红（2004）、武海亮（2006）分别对《汉书》和《史记》中的单音节形容词的同义关系进行了研究。郭文国

（2002）对状语位置上的单音节形容词进行了考察，指出状语位置上的单音节形容词的语义会发生一些变化。何伟渔（1999）、王景丹（1999）、张军（2002）、李劲荣（2006）等学者也对单音节形容词的语义问题进行了研究。

5. 反义形容词的研究

单音节形容词中有很多可以组成成对的反义形容词，这些反义形容词有其自身的特点。宋世平（1995）从语法的角度分析了反义形容词不平衡现象产生的原因。黄超洪、段益民（1999）的《汉语语法制约规律和单音反义形容词的语法规约》对单音节反义形容词进行了研究，指出汉语单音节反义形容词的语法规约在多个方面体现出显著的柔性特点，即反义替换的失衡性、语法功能的多元性、语法性质的混沌性和语义表现的兼容性等。宋晖（2004）的硕士论文从认知语言学及标记的角度对单音节反义形容词的不对称现象进行了解释。杨希英（2006）指出单音节反义形容词具有非自主性、非独立性的语义特征，对语境具有较强烈的依赖性。单音节反义形容词的上下文语境通过推衍、转换、引申、预设后具有等值性、延展性、添加性等特征，在明确语义方面具有显著的功能。石毓智（2001）对“大”和“小”的量级特点进行了研究。

6. 单音节形容词的语序问题

徐建华（1996）指出，单音节形容词作定语时，有时从单元角度限制中心语，也就是两个以上的单音节形容词从同一逻辑范畴去限制中心语，有时从多元角度限制中心语，也就是从不同的逻辑范畴去限制中心语，并提出了“本质属性义靠后”的语序规则。徐建华、刘富华（1999）对合指定语和析指定语的语序问题进行了研究，指出不相容析指定语的排序遵循积极义前置、程级降幂、调值降幂等规则。对单音节形容词的语序问题进行研究的还有刘晋利、张黎敏（2003）和武氏秋香（2007）等。

7. 有无标记的问题

吕叔湘（1965）的《形容词使用情况的一个考察》一文指出：“单音节形容词修饰名词不带 de 为多，带 de 是例外，双音节形容词带de为多，但是不带de的也常见。”沈家煊（1999）认为，性质形容词以无标记修饰名词居多，而状态形容词则相反。王启龙（2003）的《现代汉语形容词计量研究》一书对 193 个单音节形容词作定语加“的”的情况进行了统计和分析。陈琼瓒（1955）、陆丙甫（1988）、张敏（1998）等学者都对形名结构中是否加“的”的问题进行过研究。

8. 其他相关研究

张国宪（1996）对形容词的计量问题进行了考察，指出单音节形容词对后面的名词选择自由，名词既可以是计量的，也可以是不计量的，如“大、小、高、低、长、短、远、近、多”等。“大面积、小范围、高水平、低格调、长时间、远距离、多方面”等这种结构与通常的“形＋名”组合不同，是一种离心结构，尽管结构关系也是偏正关系，但其外部功能是修饰性的。单音节形容词较容易与可计量名词进行搭配，倾向于与表具体义的名词组合，而双音节形容词却倾向于与表抽象义的名词组合。此外，学者们还对形容词语义的模糊性、精确性和相对性（缑瑞隆，1984；路平，1986），以及配价（张国宪，1995）等问题进行了研究，这些研究中也包括对单音节形容词的研究。

四、对单音节形容词研究的总结与分析

我们以研究内容为标准，将学者们的研究大体分为上述 8 类。在对这 8 类内容进行分析之后，我们总结出现有单音节形容词研究的特点及不足，具体如下。

1. 句法功能仍是研究的重点

自《马氏文通》以来，对形容词的研究主要集中在两个方面：一是形容词到底是不是一个独立的词类；二是形容词的句法功能。目前对于前一个问题，学者们基本已达成共识，认为形容词和动词、名词一样是一个独立的词类。后一个问题一直在讨论之中，学者们不仅从理论上进行了论述，同时也对不同时期、不同性质、不同数量的语料进行了大量研究，得出的结论却不一致。句法功能问题成为形容词研究的重中之重，这一点也体现在对单音节形容词的研究上。学者们运用各种理论，采用不同的研究方法，经过了近百年的研究，但还是未能得出统一的结论。归根结底还是由于形容词的复杂性，说明形容词是一个非常值得研究的对象。单音节形容词是形容词的核心部分，

因此对单音节形容词进行研究尤为重要。

2. 研究的综合性特点

单音节形容词的搭配、重叠、语序、配价、有无标记和反义单音节形容词的研究等，拓宽了单音节形容词研究的领域，深化了单音节形容词研究的内容，增强了人们对单音节形容词的认识。这些研究具有交叉性、综合性的特点，每类研究都与其他研究有着或多或少的联系，而本质上都与句法功能相关。这些研究或是从句法功能出发，或是通过研究得出相应的与句法功能相关的结论。从中我们也可以看出，有些方面的研究还相对薄弱，需要从更多的角度对单音节形容词进行探索。就形容词和名词的搭配来说，学者们的研究主要集中在有无标记、单双音节形容词与名词搭配的特点等方面，搭配时形容词和名词语义上的选择性虽有所提及，但并没有在自然语料中对形名搭配的情况进行调查和分析。

3. 研究方法的特点

学者们主要采用两种研究方法：一是“内省测试法”[①]；二是对一定语料进行定量的统计分析。原来学者们注重理论分析，在进行理论阐述时，所有的示例基本都是凭借个人的语感而确定的，大多采用“内省测试法”进行研究。这种研究方法虽然方便易行，但每个人生活的环境不同，语感不同，如果过多依赖研究者本人的感觉，往

① “内省测试法”就是凭借个人语感进行研究的方法。

往会产生“内省性错误”。所以，不能只凭个人语感，应该依靠自然语料，从语料中寻找实证，这是比较科学的方法。“语言现象存在于语言社团公众的使用之中，只有用科学的方法收集来自公众语感方面的较为客观可靠的数据，再用科学的方法进行统计分析，才能对所研究的语言现象的客观真实性有一定的把握，进而得出合理的有价值的结论。”（王立，2003）因此，现在的学者更注重实证研究，重视利用定量的方法对自然语料进行统计和分析。运用这种方法得出的结论比内省式的举例更具说服力。虽然定量的研究方法是一种很科学的方法，但具体操作并不容易。首先语料的选取就是一个难点。选取什么性质的语料，以及语料的范围、数量等，都直接影响统计结果。例如,莫彭龄、单青（1985),贺阳,(1996),沈家煊（1997),郭锐（2002）在研究形容词的句法功能时均采用了统计分析语料的方法。各位学者选取了不同数量、不同性质的语料[①]，得出的结论也大不一样。莫彭龄、单青认为：“形容词的主要功能是作定语和谓语。”“形容词的主要功能首先是作定语而非作谓语。”贺阳认为，“口语中形容词

① 各位学者所用语料的数量如下：

莫彭龄、单青：17篇文学作品（包括小说、剧本、政论文、散文）；

贺　阳：8万字（口语、书面语各4万字）；

沈家煊：6万字（口语、书面语各3万字）；

郭　锐：2万字（口语、书面语各1万字）。

的主要功能是作谓语”“书面语中形容词的主要功能是作定语”，如果将口语和书面语合在一起统计的话，“就不能不承认作定语和作谓语都是形容词的主要功能”。沈家煊认为：“性质形容词更倾向于作定语而不是谓语，状态形容词比性质形容词更倾向于作谓语。”郭锐认为：“形容词作定语和作谓语的频率基本持平，作定语的次数略多于作谓语；若区分语体，那么，书面语中作定语的次数大大高于作定语的次数，口语中作谓语的次数大大高于作定语的次数。”郭锐又采用“标记”确认的办法对口语和书面语中形容词的句法功能进行了统计，最后认为：“形容词的主要功能是作谓语。”由此可见，不同数量、不同内容、不同性质的语料对统计结果有直接的影响。语料库中的语料数量庞大，内容丰富，各种性质、各种语体的材料比例均衡。如果利用语料库进行研究的话，统计数据会准确得多。现在语料库技术已经成熟，有公开的语料库可供研究利用。因此，本书运用语料库对单音节形容词与名词搭配进行研究。

4. 以义项为单位的研究的特点

以义项为单位对词进行研究越来越受学者们的青睐。由于词的常用性和多义性是成正比的，因此，大部分常用词都是多义词。多义词的不同义项在句法功能、语义、搭配、感情色彩等方面都存在一定的差异，若以词为单位进行研究，研究成果相对笼统，统计数据也欠准确。近年来，一些学者开始以义项为单位进行研究，如王改改

（2004）、李泉（2005）、陈川（2006）、杨小伶（2006）等。词在具体运用过程中具有单义性的特点，以义项为单位进行研究更加准确，统计得出的数据更有说服力。在确定词的义项时，学者们基本都以《现代汉语词典》作为参照，并对词的义项进行相应的合并或分列。在合并或分列义项时，研究者都是根据自己的标准来进行操作的，这就会出现对于同一个词不同的研究者所分列的义项并不相同的情况，但这样的情况不是很多，对整体的统计结果并不会产生决定性的影响。虽然不同研究者对义项的分列和合并不一致，但以义项为单位进行研究的科学性是显而易见的，所以本书也以单音节形容词的义项为单位进行研究。

第二节　词语搭配研究

一、国外词语搭配理论

英语搭配的研究兴起于20世纪20年代，由Palmer在日本东京发起。1933年，Palmer在其论著*Second Interim Report on English Collocations*中提到了collocation。Palmer所提到的collocation其定义是狭窄的，主要指语义并非构成成分意义的总和的固定词组（used a restricted definition of collocation, focusing mainly on items whose meaning is not obvious from their parts）。（Nation，

2001）学术界一般认为，最早提出 collocation（搭配）这一概念的是英国语言学家 Firth，Firth 认为 collocation 是一种“结伴关系”，也称“横向组合关系（syntagmatic relation)”。他认为语言的词汇并不是单独或孤立使用的，而是和别的一些词构成习惯性和典型性的结伴关系一起使用，其著名论断“you shall know a word by the company it keeps（由词之伴而知其词)”是这种“结伴关系”的重要依据。（Palmer，1986）Firth 以“You silly ass.”为例分析了 ass 和 silly 之间的语义与构成关系。Firth 还指出，两个词项之间的搭配关系是一种互相预示自己“搭档”的同现结构，习惯性搭配的各词语是相互期待、相互预见的，如在 you silly 之后，ass 是最可能出现的词语。Firth 还提出了类联接的概念。所谓类联接是指词类、句类以及别的语法范畴间的相互关系，位于同一类联接内的语法范畴也具有相互期待的关系。类联接属于语法范畴的内容，但和词语搭配有关系，二者都是组合层面上的抽象。（卫乃兴，2002）

新 Firth 学派的主要代表人物是 Halliday、Sinclair、McIntosh、Strevens 等人，他们继承并发展了 Firth 的理论。Halliday 将词语搭配界定为“体现词项在某种显著的临近范围内组合关系的线性共现”，其将“线性共现”作为搭配最重要的界定标准，这是对 Firth 理论的进一步阐述。Halliday 和 Sinclair 还提出了词语学研究中 3 个密切关联的术语，即词项（lexical item)、搭配（collocation）

和词语集（lexical set）。McIntosh 提出了搭配范围，认为任何词项都有其搭配范围，词项的搭配范围受其搭配能力的制约，而任何词项都只有有限的搭配力来兼容其他词项并与其组合。Halliday 和 Sinclair 还认为，搭配研究必须基于语料库，为此他们提出了一整套概念和方法，如“节点词”“跨距”“搭配词”等。从语料库中提取搭配例证进行研究，这种方法对以后的词语搭配研究产生了巨大的影响。

Greenbaum 看到了新 Firth 学派在词语搭配研究方法上的片面性，提出要运用一种综合的方法来进行研究，他认为应将语法结构和句型纳入搭配研究。Mitchell 则系统地论述了搭配研究的综合法，其将词根、句法和意义融为一体进行研究。综合法十分注重语法在搭配研究中的作用，但没有从语义、语用等角度进行综合性的研究。以 Chomsky 为代表的转换生成语法学派的语言学家们从选择限制的角度出发研究搭配，认为词语搭配取决于两点：一是语法规则；二是词语的语义特征。

Halliday 和 Hasan 在前人研究的基础上将搭配研究又向前推进了一大步，其把搭配纳入篇章加以观察和研究，认为搭配是一种有效的篇章衔接的手段，搭配不仅要受语法、语义的制约，同时还与整个篇章相联系。Halliday 和 Hasan（1976）认为，许多成对成串的词项常出现于文本的同一语境，由此产生篇章衔接作用，可称为搭配衔接；这种衔接与其说产生于词项的语义关系，不如说产生于相互搭配。Halliday 和 Hasan，一方面，仍然认为词语搭配可以不考虑语义关系而仅靠共现进行研究，另一方面，他们发展了 Firth 和新 Firth 学派关于搭配的概念，着重强调词语搭配在篇章中的衔接作用。

此外，还有很多学者从不同角度对搭配的定义、分类和意义进行了阐释。如俄罗斯著名语言学家 Ярцева（1998）认为，搭配是语言单位为构成更高一级单位而与其他语言单位进行组配的能力，其最根本的性能之一就是反映语言单位之间的组合关系。从这个定义我们可以看出“搭配”这一概念是相当宽泛的，它可以体现在语音、词法、句法、篇章、修辞等语言的各个层面上。Becker（1975）等人对短语进行了大量的研究，指出短语对英语本族语者语言运用的流利性具有相当大的作用。Becker 认为本族语者大约掌握 25,000 个固定短语，这与他们掌握的单个词语的数量大体持平。英语词典学家荷恩毕（1981）认为懂得如何按照正确的词序进行单词的搭配，与懂得单词的意义同等重要，英语的固定搭配与英语能力有紧密的联系。Canale 和 Swain（1980）把语言能力划分为 3 类：语法能力、交际能力和策略能力。

二、国内词语搭配研究现状

目前我国词语搭配的研究主要集中在以下 3 个方面。

1. 信息处理中的词语搭配研究

“由于词语搭配在信息检索、语音识别与合成、机器翻译以及音—语转换输入法等自然语言信息处理中的特殊地位，词语搭配的研究也就成了自然语言信息处理中极为关注的课题了。”（甄天元等，2006）近年来，信息处理领域的研究者们运用语料库技术对词语搭配进行了突破性的探索和研究。目前取得的研究成果主要集中在研究方法和词语搭配模块的自动提取、标注等方面。如孙茂松等（1997）的《汉语搭配定量分析初探》提出了包括强度、离散度及尖峰等 3 项统计指标在内的搭配定量评估体系，并构造了相应的搭配判断算法。曲维光等（2004）的《基于框架的词语搭配自动抽取方法》提出了一种基于框架的词语搭配抽取方法，该方法可以同时获取词语搭配以及搭配的结构信息。邓耀臣、王同顺（2005）的《词语搭配抽取的统计方法及计算机实现》重点介绍了免费检索软件 Wconcord 和 Visual FoxPro 相结合计算词语搭配统计量的方法。丁政（2006）的《搭配词统计分析与 Excel 实现》一文介绍了词语搭配的统计分析方法以及常用的计算方法，并介绍了如何用电子表格软件 Excel 分析统计数据。姚建民等（2007）的《大规模语料库中自动搭配获取的统计方法研究》一文利用 3 种测度从大规模语料库中自动获取搭配候选，结果显示 3 种测度遵从不同的分布假设和倾向，所抽取的搭配具有不同的分布特征。王大亮（2008），杨军玲、王素格（2006），邓耀臣（2003），孙健（2002）等学者也就相关问题进行了研究。从上面这些研究可以看出，学者们尝试运用不同的方法对词语搭配进行提取和研究，每种方法都各有所长，同时也存在不足之处。总体来看，经过研究，学者们提取词语的方法越来越先进，准确率也大幅度提高了。

学者们对汉语的动词－动词搭配、形容词－名词搭配、汉语语义搭配等问题也进行了大量的研究。如白妙青、郑家恒（2004）在统计动词与动词搭配时各关系类型的分布特征以及搭配词语的位置分布特征的基础上，运用统计模型、搭配类型标注规则，识别了语料中的动词与动词搭配类型。王素格等（2007）提出一种基于最大熵模型和投票法的汉语动词与动词搭配识别方法。张玮等（2007）基于词汇搭配关系针对提高输入法的准确率提出了改进的方法。王洪俊等（2006）根据词语的上下文搭配词的分布情况确定词的词义，提出了一种基于动态语料库的词义演化算法。王锦、陈群秀（2007）提出了一种基于现代汉语述语形容词机器词典以及平衡语料库的形容词多信息聚类的计算方法。闻扬等（2000）提出了一种双向分级聚类的算法，同时对不同词性的词进行了聚类，在聚类过程中，不同词性的聚类交替进行，相互影响。此算法应用于汉语形容词与名词的搭配时，对形容词与名词进行聚类，实验结果显示该算法是有效的。郑旭玲等（2007）提出一种基于语料库的汉语短语语义搭配规则自动获取的方法。此外，还有彭其伟、王素格（2006）的《动词与动词搭配评价体系阈值定量分析》，刘璐、郑家恒（2004）的《动词—动词搭配关系的自动标注方法》，等等。从这些研究中我们可以看出，动词与动词的搭配、形容词与名词的搭配是词语搭配研究中的重点。

2. 以外语为研究对象的词语搭配研究

我国许多学者借鉴国外的词语搭配理论对英语、法语、俄语等进行了大量研究，研究成果主要用于解决中国学生学习外语时所遇到的困难。据甄天元等人（2006）的统计，1994 — 2004 年期刊网上与词语搭配相关的文章中 80％是外语界的研究成果。以外语为研究对象的词语搭配研究主要集中 3 个方面。

（1）词语搭配的界定。

王宗炎（1988）指出："搭配指的是一种制约，即某个词要与哪个词用在一起，比如某个动词要与哪些名词用在一起等等。"梁守锵（2002）指出："每一种语言均有其独特的词汇搭配，这种搭配的产生基于各民族社会心理的语言习惯，由传统遗留下来，无法从逻辑上予以解释，外国人可能通过类比而想到这种搭配。"卫乃兴（2002）认为，词语搭配是在文本中实现的非成语意义并以一定的语法形式因循组合使用的一个词语序列，构成该序列的词语相互预期，以大于偶然的概率共现。濮建忠（2003）指出搭配是在某一语法形式下两个或多个词（特别是名词、动词、形容词和副词）的反复共现。

（2）词语搭配的分类。

汪榕培（2000）划分了词语搭配的研究类别，指出词的搭配按照不同的原则可以分为若干类型：根据搭配的性质可以分为语法搭配和词汇搭配；根据搭配中主导词的词性可以分为名词搭配、动词搭配、形容词搭配等；根据搭配成分的数量可以分为简单搭配和复合搭配；根据搭配词使用的必要性可以分为必须搭配和非必须搭配；根据词汇搭配的选择限制条件可以分为自由组合搭配、限制性搭配和固定搭配等。

（3）词语搭配的重要性。

汤闻励（2005）认为英语搭配极大地影响着英语学习者综合能力的提高，影响着英语输出的质量。同时指出词语搭配在英语学习中的重要性，强调应该增强学生对词语搭配学习的意识。李曙英（2005）认为借助词语搭配知识进行词汇学习既有利于理解和记忆新词汇，也有助于准确使用新词汇。搭配式词汇学习法是一种切实有效的词汇学习方法。

此外，还有很多学者从不同角度对词语搭配问题进行了研究。例如，罗凤文等（2002）的《词块教学与外语学习者语言输出》，该文指出以词块为单位进行教学对提高英语学习者的语言输出能力具有促进作用。杨波、赵静（2007）的《电子词典与纸质词典在英语搭配应用中的对比研究》一文指出，掌握一个词语不仅要掌握它的发音和意义，还要掌握它的结构和用法，词语搭配信息是英语学习的重点之一，而电子词典容易误导学生，使学生忽视英语中固定搭配的信息，导致英语词汇的错误应用。邱大平、何固佳（2007）的《从顺应论角度看英汉词语搭配差异》，指出不同语言中的词语搭配存在着差异性这一事实。陈友勋（2007）、万玉兰（2006）从认知的角度对词语搭配进行了研究。林绿竹（2000）、董岩（2005）、沈涓（2005）、鲍成莲（2005）等论述了汉英词语搭配在文化上的差异等。

3. 以汉语为研究对象的词语搭配研究

（1）汉语本体研究中的词语搭配研究。

20 世纪中期，当国外的生成语法学家在讨论词语搭配是句法问题还是语义问题的同时，我国学者也就“搭配问题是否是语法问题”展开了大讨论。邢公畹（1978）指出，“句子里的直接成分，或者说是词组，是靠语词的互补作用组成的”“所谓互补作用，就是平常所说的搭配作用”。张志公给《简明汉语义类词典》写的序中指出：“语义问题和组合的法则问题特别复杂。所谓组合的法则，包含着进行组合的词的语义搭配问题，这在任何语言里都是十分麻烦的，因为，既要有比较客观的、在各种语言中或多或少带有共同性的因素，例如，词所指称的客观事物能不能那样搭配，逻辑事理上容许不容许那样搭配，又有特定语言社会中比较独特的因素，例如社会风俗，文化背景，思维习惯，语言心理等等。”在此之后，学者们从不同角度不断对词语搭配问题进行探讨。张寿康、林杏光（1995）在谈到词语搭配问题时提出了词语的磁体构造的观点，指出进入句子以后的词就像一块磁性体，而与其搭配的“左邻右舍”就如同许多铁屑被吸聚在它的周围，他们认为词语搭配问题属于词汇·语法范畴。张寿康、林杏光在给《现代汉语实词搭配词典》写的序言中对词语搭配研究的意义、词语搭配涉及的内容、词语搭配的系统构造等问题进行了精辟的阐述。林杏光（1994）认为认知系统、逻辑系统反映着人类思维的普遍性规律，不具有和词语搭配一样的民族性特征，语义系统则具有鲜明的民族性。词语搭配不是认知系统和逻辑系统，而是语义系统。因此，词语搭配是描写语义学所应研究的重大课题。常敬宇（1990）指出研究词语之间的各种语义组合关系、语块之间的语义组合关系，以至句际、语段之间的语义联系等问题，对解决自然语言理解、人工智能、机器翻译及人际交往等方面的问题，都具有重要的价值和意义。刘桂芳（1995）认为决定词语搭配的重点是语义，但是语法规则及语用习惯也限制着词语间的搭配关系。宋玉柱（1990）认为：“说到词语的搭配问题，恐怕要分清三种情况：一种是语法选择上的搭配，一种是约定俗成的搭配，还有一种是事理上的搭配。”马挺生（1986）论述了词语搭配的复杂性并对词语搭配进行了分类，他认为：“就搭配的形式来说，有对应搭配和交叉搭配；就搭配的项目来说，有单项搭配和多项搭配；就句法成分之间的搭配来说，有主谓搭配、述宾搭配、附加语和中心语的搭配。”常敬宇（1984）还分析了词语搭配不当的原因，指出，违反语法规则、用词不当、不符合汉语表达习惯、词语搭配不合逻辑等 4 个方面是词语搭配不当的主要原因。关于词语搭配的界定，学者们也有不同的说法，如语法说、语义说、逻辑说、习惯说、综合说等。学者们的研究成果主要用于搭配词典的编纂，例如：

《现代汉语实词搭配词典》（张寿康、林杏光主编，商务印书馆，1992 年出版）；

《简明汉语搭配词典》（张寿康、林杏光主编，福建人民出版社，1990 年出版）；

《学生常用词语搭配词典》（张寿康、林杏光主编，河北少年儿童出版社，1989 年出版）；

《汉语常用动词搭配词典（英语注释）》（王砚农等编著，外语教学与研究出版社，1984 年出版）；

《汉语常用词语搭配词典》（杨天戈、刘沬、吴岫光、薛如林编，外语教学与研究出版社，1990 年出版）；

《汉语动词—结果补语搭配词典》（王砚农等编，北京语言学院出版社，1987 年出版）。

（2）对外汉语教学中的词语搭配研究。

学者们很早就注意到了词语搭配问题在对外汉语教学与研究中的重要性。20 世纪 80 年代初期，王力多次谈到词语搭配在对外汉语教学中的重要地位，并且每次都说到“穿”和“戴”的问题。汉语说“穿衣服”“穿袜子”

“戴帽子”“戴手套”，而欧美人说汉语时常说成“穿帽子”“穿手套”，这就是汉语作为第二语言学习时容易用错的搭配。林杏光（1994）指出，对外汉语教学的实践告诉我们，外国人学习汉语，往往难于掌握汉语的词语搭配规律，因而词语搭配问题在对外汉语教学中至关重要。同时，他还主张，编纂“搭配词典要注意尽可能多地提供区分同义词、同音词的信息，要突出把汉语作为第二语言学习时容易用错的搭配”。

近年来，学者们对词语搭配在对外汉语教学中的重要性也进行了研究，例如，齐春红（2005）的《对外汉语教学中的词语搭配研究》，该文运用功能语言学和认知语言学的原理和研究成果，分析了词语搭配在教学中的重要性，并具体总结了一般搭配、修辞性搭配和惯例化搭配的教学策略。方艳（2002）的《论词语搭配与对外汉语教学》从词语搭配偏误的角度出发，总结产生错误的原因，并从教师教学和学生学习两个角度提出具有针对性的策略和方法。崔希亮（2005）在探讨欧美学生习得汉语介词的问题时指出，词语搭配不当是典型的偏误形式，而且是具有广泛意义的偏误形式，无论具有哪种语言背景的人，都会在词语搭配上犯错误，即使是说母语的人，也会犯词语搭配方面的错误。杜艳青（2006）认为要纠正韩国学生的汉语词语偏误，应针对韩国学生的母语文化背景，扬长避短，并且注重语素分析法和词语搭配教学法在教学中的应用。刘缙（1997）在谈到对外汉语近义词教学时指出，在帮助留学生辨析近义词时，应重点辨析相同或相近义项间的细微差别，重视语素义的辨析，重视词语的搭配特点及典型例句的运用。刘春梅（2004）提出教材应从词语搭配等角度适当引入有关离合词的教学内容。杨同用、司敬新（2007）在《搭配类型与对外汉语实词搭配词典的编纂》一文中对搭配进行了详细的分类，并探讨了对外汉语搭配词典收录不同搭配类型的原则。

此外，还有一些硕士、博士论文也研讨了词语搭配的问题，如杨小伶（2006）的《单音节形容词的搭配结构及搭配词典的选择》，该文主要对单音节形容词的语法功能进行了量化的统计，并运用3个平面的理论分析了单音节形容词的各种单层常规搭配结构特点，最后针对对外汉语词语搭配词典应该列举的单音节形容词搭配结构提出了建议。

三、对词语搭配研究的总结与分析

前面我们对词语搭配理论和其应用情况进行了较为详细的介绍，现在对这些情况加以总结。

首先，经过近百年的发展，国外词语搭配理论和研究方法基本已经成熟，学者们对词语搭配研究也比较深入，研究的成果直接应用于语言教学或词典编纂。这些理论和方法值得借鉴和参考，特别是语料库技术中的一系列计算词语搭配关系的方法，例如，提取节点词，确定跨距的长度，测量Z值（测量概率）和MI值（测量词语间的搭配强度）等。这些方法不仅可以从语料库中轻松提取出自然语料进行研究，还可以通过具体数值了解词与词搭配的能力的强弱。国外学者对词语搭配进行研究的同时，我国学者也注意到了汉语中词语搭配的问题。最初的研究主要集中在词语搭配是语法问题还是语义问题的大讨论上，后来，学者们从不同角度对词语搭配的定义、分类、性质等问题不断进行探索和研究。目前国内学者已经利用国外的词语搭配理论和方法进行了研究，并且取得了一定的成绩。

其次，以汉语为研究对象的词语搭配研究中，学者们更多关注的是动词搭配的问题，相对于动词而言，形容词搭配的研究还比较薄弱。形容词是汉语中一个非常重要的词类，单音节形容词又是形容词中的核心部分，所以对于单音节形容词的搭配应该予以一定的重视。在已有的单音节形容词的研究中，句法功能问题是研究的重点。学者们的研究主要集中在形名搭配时有无标记、形容词的搭配能力等方面。研究一般是举例性的，例如，研究时经常讨论为什么不可以说“绿庄稼”“贵手绢”“短沉默”“重箱子”，但对“绿”“贵”“短”“重”这类单音节形容词可以与哪些名词进行搭配却没有明确说明。因此，本书将借鉴已经成熟的词语搭配理论，利用现代语料库技术对单音节形容词与名词的搭配进行研究，目的是通过对自然语料的调查研究哪些形容词词项可以与名词搭配，哪些不能与名词搭配，所搭配的名词之间的共性特征，这些搭配是否随时间的推移而有所改变，以及文化、社会生活对词语搭配的影响等问题。

第三节 形名搭配研究理论基础

本书针对单音节形容词与名词的搭配进行研究，将运用认知语言学的理论对与单音节形容词搭配的名词的特点进行分析，并通过对比分析的方法探求不同民族语言的词语搭配反映出来的文化含义。本研究主要依据下列理论。

一、词语搭配理论

组合关系和聚合关系是语言中两个重要概念。语言成分按线性特点组合起来时，彼此发生的关系叫作组合关系；在线性链条的某个环节上，能够相互替换的单位，具有某种相同的作用，自然聚集成群，彼此的关系是聚合关系。这种理论被看作是词语搭配理论最初的萌芽。之后，Firth 提出“由词之伴而知其词”的理论，认为“理解一个词需要看它的结伴关系”。研究词语搭配时，除了要看搭配双方的语义与构成关系外，还要进一步了解可能性搭配词语以及搭配意义与语境意义的关系。语境意义是句子与文化环境之间存在的功能关系，而搭配意义是句法层的抽象，不完全是概念间的联想。文化对词语搭配有一定的制约作用，处于不同文化中的语言具有不同的词语搭配模式。（罗思明、李建军，2001）词语搭配的定义大体可以分为 4 个层面：词语层面的定义、语义层面的定义、结构层面的定义和心理层面的定义。词语搭配的 3 个主要特征：①词语搭配是反复、经常、习惯性的词语共现，词语共现的概率大于随机分布的概率；②搭配受语法规则限制；③除语法限制外，还存在语义选择限制和搭配限制。词语搭配是在一定的语法框架之下的词语共现，符合语义选择限制原则，同时也存在着搭配限制，即大部分的词语搭配存在理据性，小部分搭配无法从语法、语义上探讨理据，搭配限制是任意的。（辛平，2014）

词语搭配理论经过半个多世纪的发展和完善已经逐渐成熟，无论是搭配理论的概念，还是研究方法，抑或是与语言学、二语习得相结合的研究，其研究成果都为本书提供了坚实的理论基础。

二、认知语言学理论

“认知语言学是认知学科的一个分支，是认知心理学与语言学相结合的边缘学科。”（束定芳，2002）认知语言学用“认知”的观点来解释语言的本质和语言的运用。语言是人的智能活动之一，是认识过程的产物，是人认知能力的体现，研究语言必须探讨语言与人的认知的关系，观察语言结构的认知特点和认知结构，从而揭示语言学的本质。“语言是认知的一部分，受人们认识世界的方法和规律的制约。”（赵艳芳，2005）认知语言学以身体经验为基础来研究人类的心智和认知，既具有经验主义的成分，又具有理性的成分。认知不是机械地反射人的客观世界，而是对经验经过大脑的组织和加工，结合原有的经验结构，重新认识世界。（王寅，2002）认知语言学总体上可分为两个方面：一方面是语言概念形成中的认知，即人是怎样运用语言符号对事物进行概念化的；另一方面是语言运用和理解的认知过程，即人是怎样运用语言的结构实现其交际功能的。（赵艳芳，2005）范畴、原型、隐喻、相似性等是认知语言学中的几个热点。

搭配之所以是汉语作为第二语言学习的难点，在很大程度上是因为语言的社会性、民族性，由于不同民族对事物的认知并不一致，所以不同语言之间的对等词很少有完全相同的搭配。一方面，根据语言学家的观点，全人类具有基本相同的客观外界，有着大致相同的思维，因而不同语言间可以互译和理解；另一方面，每个国家或民族都有各自的特色，文化风俗不同，思维方式各异，对同一事物的认知不同，因此同一现象可以用不同的语言进行表达，包括词语搭配。一些搭配对于本族语使用者来说是比较简单的，容易接受或推测出来，而对于第二语言学习者来说，大多搭配不容易被推测出来，所以经常出现“泛化”或使用不当的情况。

三、对比分析理论

对比分析理论源于欧洲，一直是普通语言学的研究重点之一，布拉格学派为此做出了巨大贡献。20 世纪四五十年代对比分析理论在美国进入了鼎盛时期，它的研究成果直接运用于语言教学并取得了很好的效果。对比分析理论建立在结构主义语言学和行为主义心理学理论基础之上，该理论把语言看成是静态的、自足的系统，强调语言内部的差异对比，排斥其他非语言要素的对比，强调把注意力集中在语言形式以及语言形式分布的异同上。它的任务就是通过语言的对比，对语言的相同点和不同点进行全面的说明和解释，并提供语言的对比理论模式。（盛炎，2007）该理论有利于人们探求自然语言的内在规律，发现语言自身的特点，有利于揭示各种语言之间的共性特征。

对比分析有一套严密的方法和程序，通过对不同语言的比较，使人们对语言现象的描写和研究、对语言特征的了解更为深入，从而丰富了普通语言学、具体语言学和翻译语言学的理论。对比分析应用于语言教学，通过目的语与学习者的第一语言的对比，从两种语言的差异中发现第一语言给第二语言教学带来的干扰，从而为第二语言教学提供十分重要的信息：发现了学生学习的难点，揭示了教学的重点，加强了教学的针对性，便于更有效地制定大纲、设计课程、编选教材以及改进课堂教学与测试。尽管 20 世纪 60 年代后期以结构主义语言学和行为主义心理学为基础的对比分析在理论上受到了挑战，其研究成果受到了批评，在西方曾一度遭到冷落，但对比分析对语言研究和语言教学研究所起的重大作用无法抹杀；对比分析对第二语言学习者可能遇到的难点和产生的错误的预测性以及对教学和习得中所产生的问题的解释性不应否定。特别是对教师来说，对比分析仍有很大的吸引力。对比分析作为一种语言分析的方法是科学的，也是十分必要的。近年来对比分析把研究的内容扩大到语用、文化和话语结构方面，显示了在未来的第二语言习得研究中它将继续发挥重大的作用，因而又重新得到人们的重视。

本书在对比分析理论的指导下，对汉语、英语、俄语 3 种语言词典中的部分单音节形容词的搭配形式进行了对比，目的是找出其中具有文化含义的词语搭配形式，了解不同语言中民族文化对词语搭配的影响。

四、文化语言学理论

语言是文化的凝聚体，是文化总体的一个组成部分，“而且语言不能离开文化而存在，所谓文化就是社会遗传下来的习惯和信仰的总和，由它可以决定我们的生活组织”（萨丕尔，2002）。文化的发展水平和语言的丰富性、准确程度是平行对应的。语言的发展水平是以其丰富性和准确程度来衡量的，而丰富性和准确程度并不决定于语言本身，而是决定于该民族的文化发展水平。语言可以反映一个民族的特征，可以反映出该民族的历史背景和生活习惯。文化语言学主要研究的是语言在民族文化中的存在状态，它主要关注观念、信仰、道德、习俗、意识、思维等因素。文化语言学关注历史的传承性，把注意力放在语言结构的文化背景的阐释上，同时也注意在文化背景下考察语言的静态结构。一个民族的文化对语言的语音、语法、词汇、语用等均有很大的影响。词语搭配，尤其是词语的固定搭配可以体现一个民族对客观事物的认识及思维方式。不同语言间词语搭配的差异也可以反映出民族文化之间的差异。语言教学同时也是民族文化传播的过程。在进行词语搭配教学时，不仅要注意搭配双方在语法、语义上的相互制约关系，还要考虑民族文化对词语搭配的影响，要注意词语搭配所包含的文化意义。

第四节　研究对象及研究方法

一、研究对象

形容词和名词的组合中，形容词的功能是作定语来修饰限制名词，“单音节形容词是适于充任定语的词，而双音节形容词则较难直接与名词组合”（张国宪，1996）。“单音节形容词是定语的典型成员，而双音节形容词的典型句法功能则不是作定语，其定语的句法身份必须靠句法位置来辅助——占据贴近中心语的位置。”（张国宪，2006）“跟双音节词相对，汉语中大多数单音节词的词类归属都没有争议，说明汉语单音节词大都是词类范畴的典型成员，具有原型性。”（李泉，2005）单音节形容词的个数相对固定，相对容易辨认，是形容词这个大类中最为重要的核心部分，所以单音节形容词是最合适的研究对象。

不同词典中单音节形容词的数量也有所不同，我们的研究重点放在最常用、使用频率最高的单音节形容词上。《汉语水平词汇与汉字等级大纲》（简称《词汇大纲》）一直是对外汉语教学、教材编写、课堂教学、成绩测试的主要依据，也是我国汉语水平考试和具体教学活动的依据、规范。《词汇大纲》是依据频率在专家干预的基础上研制完成的，它所收录的词大都是使用频率较高的常用词，因此，我们选取其中的单音节形容词作为本书的研究对象。经统计，《词汇大纲》中共有 249 个单音节形容词（含兼类词），我们将对这 249 个单音节形容词与名词的搭配情况进行研究。

由于词的常用性和多义性是成正比的，所以这些单音节形容词大都是多义的。这些多义词的不同义项在语义、语法功能、使用频率、搭配形式上都存在较大的差异，比如“矮”，在《现代汉语词典》（第 5 版，下同）中有 3 个义项：①身材短；②高度低；③（级别、地位）低。我们通过语料库对这 3 个义项的搭配情况进行了统计。义项①主要与表示人的相关词语搭配（矮个子、矮胖子、矮身子、矮家伙、矮教官等），从语用上看略含贬义；义项②主要与家具、植物类词语搭配（矮桌子、矮炕几、矮凳子、矮木凳、矮梯子、矮围栏、矮牵牛、矮树林、矮杨梅、矮乔木、矮树丛）；义项③不能和名词搭配。从语法的角度来看，义项①②可以与“很”搭配，而义项③不能与“很”搭配。从使用频率的角度来看，义项①的使用频率最高。从这个例子中我们可以看出，词语搭配不是词与词之间的组合，而是以义项为单位进行组合。“就深层而言，任何词语搭配都是以词义——义位为单位的，即义位组合。”（张志毅、张庆云，2005）张国宪（1996）也指出：“词义的选择是相当复杂的，更精确的选择限制应放到词项中去处理。”由此可以看出，以词的义项为单位进行研究是更准确而科学的。因此，我们也以词的义项为单位来进行研究。

在确定词的义项时，我们以《现代汉语词典》为依据，它是新中国成立后由中国社会科学院语言研究所编纂的一部影响最为广泛的中型语文词典，具有较强的时代性、理论性、规范性，在同类性质的词典中堪称上乘，是一部权威的语文工具书。该词典的第 5 版为多义词的不同义项标注了词类，对不成词的语素或非语素字没有做标注。依据该词典的词性标注，我们对 249 个单音节形容词的义项进行了统计。这 249 个单音节形容词中有 24 个在《词汇大纲》中标注为形容词，但在《现代汉语词典》中没有标注形容词词性[①]，同时也存在《现代汉语词典》中标注

① 这24个词是“够、遍、初、另、非、甘、惯、荒、昏、怒、散、污、误、易、残、故、寒、缓、劣、贫、阳、异、幼、众”。

为形容词，而《词汇大纲》中没有标注是形容词的情况，如“真”在《词汇大纲》中只标注为副词，而在自然语料中有相当数量的“真”做形容词，如“真英雄、真科学、真话、真感情”等。由此可见，《现代汉语词典》和《词汇大纲》在词类划分的标准上还存在一定的差异。

在统计过程中，我们还发现《现代汉语词典》存在对某些义项划分过于细致的情况。为了对形容词的常用义项进行考察，避免条目分列过细而引起的麻烦，我们将部分意义比较接近、难以划分界限的义项合并在一起，如“旧”有两个形容词义项——“过去的；过时的”和“曾经有过的；以前的”，这两个义项的意义比较接近，在脱离语境的情况下，很难分清到底是哪个意义，所以我们将其合并为一个义项。类似的情况还有“老”的 3 个形容词义项——“很久以前就存在的”“原来的”“陈旧”；“细”的两个义项——“条状物横剖面小”“长条形两边的距离近”；“双”的两个义项——“两个”“双数”等。此外，我们也根据具体情况为某些词分立了义项，如在《现代汉语词典》中，表示“生物失去生命”这个意义的“死”只标注为动词词性，没有标注形容词词性，而在语料中却出现了“死猫、死狗、死猪、死老鼠、死乌鸦、死孩子……”等搭配形式，因此我们为“死”分列了一个形容词义项，类似的情况还有“黑”“暗”等。我们为“黑”增加了表示“反动的、不好的、不公开的”义项，表达该意义的搭配形式有“黑文章、黑作家、黑画家、黑展览、黑笔杆、黑标语、黑党员”

等；为“暗”增加了表示“颜色偏深”的义项，自然语料中“暗白色、暗褐色、暗黑色、暗黄色、暗绿色、暗紫色”等搭配形式的出现频率比较高。

通过分合规整，我们共计得出471个单音节形容词词项①。这471个形容词词项中有12个在《现代汉语词典》中标注了<方>，是方言词②。由于方言词带有浓厚的地方色彩，不具有普遍性，我们将这12个词项排除在研究范

---

① 李泉等学者将词的义项称为“词项”，将其作为一个词进行研究。“词项”和“义项”都表达一个具体的意义，但“词项”以词的身份出现，而“义项”是多义词的一个意义，“词项”比“义项”更恰当、更准确，因此我们也采用“词项”这一名称。

② 这12个方言词项如下：

花[甲] <方>衣服磨损或要坏没坏的样子；

细[甲] <方>年龄小；

苦[甲] <方>除去得太多；耗损太过；

干[乙] <方>形容说话太直太粗，不委婉；

臭[乙] <方>子弹坏；失效；

美[乙] <方>得意；

尖[乙] <方>吝啬；抠门儿；

头[乙] <方>用在“年”或“天”前面，表示时间在先的；

闷（mēn）[丙] <方>声音不响亮；

丑[丙] <方>坏，不好；

刁[丁] <方>挑食过分；

脆[丁] <方>说话做事爽利痛快。

围之外，最后我们共计得出459个单音节形容词词项。我们将在语料库中对这459个单音节形容词词项与名词的搭配情况进行统计和分析。

二、研究方法

1. 运用语料库的研究方法

从语料库中提取搭配例证来进行研究是新Firth学派最主要的研究方法之一，这一方法对后来的搭配研究产生了极大的影响。韩礼德（Halliday）和辛克莱（Sinclair）很早就提倡利用语料库提取例证进行研究，并通过实践总结出了相关理论，同时提出了一整套与语料库技术相关的概念和理论，如“节点词”“跨距”“搭配词”“语义韵”等。语料库的主要作用是通过语料的检索和频率统计，帮助人们观察和把握语言事实，分析和研究语言规律。目前语料库已经逐步成为语言应用研究非常有力的资源和工具。利用语料库，人们可以把某种语言现象进行量化的统计，并通过具体数据来检测和验证语言理论或语言规律。

语料库是以大量自然语言材料为基础构成的，语言材料一般由书面语样本和口语样本组成。20世纪90年代以来，我国的语料库技术发展迅速，为适应不同目的而建立的大中型语料库有数十个[①]，这些语料库不仅所收语料的内容、形式有所不同，加工方式也不尽一致。语料库的应用领域主要是语言文字规范与标准的制定、语言文字的学术研究、语文教育、语言文字信息处理、语言文字的社会应用等。在语言教学与研究中，语料库不仅是辞书编纂、语言本体研究的主要依据，还为教学大纲的制定、教材的编写等提供了翔实有力的语言素材，大大促进了语言教学与研究的发展。

国家语委建立的现代汉语通用平衡语料库和北京大学中国语言学研究中心建立的现代汉语语料库是学者们进行研究时比较常用的两个语料库。这两个语料库都是大型现代汉语通用语料库，语料抽样合理、分布均匀、比例适当，能够比较科学地反映现代汉语的全貌，是目前比较成功的、具有代表性的语料库。经过比较我们发现，这两

① 目前有代表性的语料库有：国家语言文字工作委员会（简称国家语委）建立的现代汉语通用平衡语料库、《人民日报》标注语料库、北京语言大学的汉语中介语语料库、北京大学建立的现代汉语语料库、中国社会科学院语言研究所建立的北京地区现场即席话语语料库、清华大学建立的面向语言信息处理的现代汉语语料库、新疆大学建立的少数民族语言语料库、哈尔滨工业大学建立的汉英双语平行语料库，以及台湾“中央研究院”语言研究所建立的现代汉语标记语料库等。另外，各大学为了进行专项研究也纷纷建立了各种小型语料库，如四川大学的中古汉语语料库、浙江师范大学的楚辞语料库、厦门大学的现代汉语词典语料库等。

个语料库各有各的特点：

（1）语言材料的数量不同。国家语委的语料库有2,000万字[①]，而北京大学的语料库有8,064万字次。从国家语委的语料库中检索出来的词条数量相对较少，可减少后期统计分析的工作量，从北京大学的语料库中检索出来的词条数量较多，其给下一步的统计工作增加了难度。不过从另一方面来看，北京大学的语料库中的语料数量庞大，在此基础上统计得出的数据更加准确，更有说服力。

（2）检索方式不同。国家语委的语料库支持高级检索和自定义检索，使用者可根据需要自行设定检索条件（如词性查询、组合查询、短语查询、句式查询等），从而检索出符合要求的词条。北京大学的语料库在检索时也可以设置一些条件，但由于这个语料库是一个生语料库，没有对词性进行标注，所以检索出的语料比较复杂，如检索带形容词“白”的词条，所有带“白”的词条都会显示出来，其中含有大量非形容词词性（动词、名词）的“白”，给后期的统计工作带来了一定的麻烦。

（3）检索结果的输出方式不同。在国家语委的语料库中检索出的结果不仅可以进行再处理（如过滤、排除、

---

① 国家语委的现代汉语通用平衡语料库在建立之初共计收集了7,000万字的自然语料，这里所说的2,000万字，是从7,000万字中筛选出来并进行了词性标注的精加工语料，目前这部分语料可供检索，免费向公众开放。

统计、排序等），还可以将全部结果直接导入Excel中，为下一步的统计分析工作提供了非常便利的条件。北京大学的语料库也可以对检索出的结果进行下载，但只能下载500条，且网页最多显示5,000词条。

根据上述特点，我们扬长避短，综合利用这两个语料库。当统计形容词可以与哪些名词搭配的时候，我们在国家语委的语料库中进行检索，并将检索出的词条直接导入Excel中，然后人工进行统计分类[①]，最后统计得出459个单音节形容词词项与名词搭配的情况。当需要了解某一形名搭配出现的频率，或运用具体数据来证实某一现象的时候，就利用北京大学的语料库。

在利用语料库收集语料之前还应该确定跨距。跨距是语料库语言学的术语，指的是节点词[②]左右的语境，以词为单位计算，不包括标点符号。（杨惠中，2002）一个词与节点词的距离越大，它和节点词之间的相互吸引力，或者说是相互预见力就越弱，跨距的界定直接关系到搭配词选取的结果。跨距过长增加了下一步工作的负担，跨距

---

① 国家语委的语料库和北京大学的语料库都没有对词的不同义项进行标注，因此只能通过人工来确定词的具体意义。

② "节点词"也是语料库语言学的术语，又称"关键词"和"搜索词"。

过短不能保证正确地对语料进行统计分析[①]。琼斯和辛克莱从 -1/+1 的跨距开始，一直尝试到 -10/+10 的跨距，检验在不同跨距内所提取的搭配词的情况。结果发现，超出 +4/-4 的跨距后，节点词已经不再具有太大的吸引力。琼斯等人确定的跨距长度是针对英语而言的，而汉语和英语不同，汉语起修饰限定作用的形容词一般与名词紧贴在一起，而单音节形容词主要与单音节名词或双音节名词搭配，极少与 3 个音节以上的名词搭配，所以我们将跨距确定为 +3/-3，也就是说选取节点词左右各 3 个字（其中包括标点符号，我们认为标点符号标志一句话的开始或结束，对词与词的搭配并不产生影响）。下面，我们以“新”为节点词，以 +3/-3 为跨距，将导入 Excel 中的部分词条展示出来，见表 1-1。

表 1-1　检索出来的词条示例表

序号	结果	出处	出版时间
1	实现三新，即：	《人民日报》	1985-02-27 0:00
2	得一批新成果，	《人民日报》	1985-02-27 0:00
3	上取得新突破，	《人民日报》	1985-02-27 0:00
4	上达到新水平。	《人民日报》	1985-02-27 0:00

① 国家语委的语料库提供的跨距是-25/+25，北京大学的语料库提供的跨距是-30/+30.

续表

序号	结果	出处	出版时间
5	按照三新的要求	《人民日报》	1985-02-27 0:00
6	长出了新指甲新	《人民日报》	1985-02-27 0:00
7	新指甲新皮肤。	《人民日报》	1985-02-27 0:00
8	信有此新事。曹	《人民日报》	1985-02-27 0:00
9	在制止新的不正	《人民日报》	1985-02-27 0:00
10	关纠正新的不正	《人民日报》	1985-02-27 0:00
11	署作出新规定准	《人民日报》	1985-02-27 0:00
12	具实行新的规定	《人民日报》	1985-02-27 0:00
13	正这种新的不正	《人民日报》	1985-02-27 0:00
14	业做出新的更大	《人民日报》	1992-05-03 0:00
15	贵州省新机制其	《人民日报》	1992-05-03 0:00
16	经贸界新老朋友	《人民日报》	1992-05-03 0:00
17	了发展新阶段。	《人民日报》	1992-05-03 0:00
18	市场的新套路，	《人民日报》	1992-05-03 0:00
19	发展的新格局。	《人民日报》	1992-05-03 0:00
20	又有了新的提高	《人民日报》	1992-05-03 0:00

2. 概率统计的研究方法

国家语委的语料库和北京大学的语料库都是大型语料库，检索出来包含某个词的语料少则几百条，多则上千或上万条，这给具体的分析工作带来了相当大的困难，对收集到的语料逐条进行分析既耗费大量时间和精力，而且也没有必要，因此我们运用概率统计的方法，对语料进行抽样分析。

采用概率统计的方法最关键的问题是样本的多少，也就是说应该选取多少数量的语料进行研究。样本数目的大小受各种因素的影响，比如，总体差异程度的大小、容许误差的大小、使用的抽样方法等。“抽样数目太大会造成浪费，太少会使调查结果产生较大的误差，影响我们的调查结论。”（桂诗春、宁春岩，1997）“样本数目的确定需要复杂的公式来进行计算，但一般最常见的是10%。”（张厚粲，1993）我们曾详细论证过选取10%样本的科学性①，因此，本书也抽取10%数量的语料进行分析。

需要说明的是，我们共计统计225个词②的搭配情况，由于每个词与名词的搭配能力和使用频率不一样，因此下载的词条数目也不一致。对2,000条以下的语料我们进行

① 见步延新、张和生：《抽样方法在语言学研究中的运用》，《语言文字应用》，2006年。

② 我们共研究249个单音节形容词，除去24个在《现代汉语词典》中未标注形容词词性的词，还有225个。

了穷尽性的统计，而对 2,000 条以上的语料我们采取了抽样的方法。当需要了解某个搭配出现的频率时，我们再利用北京大学的语料库进行检索，以确保数据的准确性。

3. 词典语义对比法

运用比较的方法对语言进行研究是学者们常用的方法，这种方法可以清楚地发现比较双方之间的差异。研究中我们发现，词语搭配可以反映出一个民族的文化。这些具有文化含义的搭配形式可以在一些与民族文化生活相关的文章中看到，而此类文章中的搭配形式基本是举例性质的，多局限在表示动物或颜色的词语上。为了了解更多具有文化含义的形名搭配形式，我们决定采取词典语义对比法。

在统计语料时我们发现，有些词典对词语的文化含义进行了简单的介绍。不同词典对文化内容的介绍详略不一，我们选取 3 部中型词典进行对比。词典语义对比法是我们的一个尝试，具体做法是在汉语、英语、俄语 3 种语言词典中比较同一单音节形容词与名词的搭配情况[①]，

① 汉语和英语、俄语属于不同的语系，而英语和俄语虽属同一语系，但又不是同一语族，它们既有相同的地方，又各有不同。另外，英语是世界性语言，很多留学生都有一定的英语基础。同时随着中俄两国文化、贸易交流的频繁，越来越多的俄罗斯学生来中国留学，对英语和俄语进行研究有助于我们的汉语教学。因此，本书选定英语和俄语作为比较的对象。

通过对比来了解这3种语言中具有文化特征的形名搭配，探求不同语言的共性与特性。不同民族文化的共性特征容易被学生接受，这反映了不同民族对事物认知上的共同特点。教学中，我们可以多利用这些共性特征，引导学生快速、正确地掌握并运用相应的词语搭配。具有民族特色的搭配形式是教学的重点，这些搭配可以反映出不同民族在生活习惯、价值观念、宗教信仰、政治制度等方面的差异，这种差异会对学生的学习造成一定的障碍，在教学中需要特别注意。

4. 定量、定性相结合的方法

我们在进行研究时还采用了定量、定性相结合的方法。定量和定性这两种方法是人们在进行科学研究时常用的方法。随着科学技术的迅速发展，我国学者越来越重视通过定量方法对语言进行研究，以此来验证自己的理论、推理或假设。定量的研究方法最初主要用于词典的编纂，世界上第一部频率词典——《德语频率词典》以及我国第一部汉语频率字典——《语体文应用字汇》都是在频率统计的基础上完成的。（赖华强，2006）近年来，定量的研究方法越来越多地被应用于语言研究的各个方面，并取得了良好的效果。虽然定量的研究方法对社会科学的研究做出了巨大的贡献，但这一方法也不是尽善尽美的，尤其是在对社会科学进行研究的时候。社会科学被称为“软科学”，它探讨的是人的行为、信仰、态度、思想，以及人与人之间的交往，还有社会习俗和制度等，而人的行为和社会生活是流动的，变幻莫测，不易察觉，所以很难用实验仪器去精确地测量。（章礼霞，2005）语言属于社会科学的范畴，如果将定量和定性的研究方法结合起来进行研究会更科学、更有效。

第五节　相关研究介绍

一、词与词组的界限问题

汉语中词和词组的界限常常难以确定，特别是单音节形容词与单音节名词的搭配形式，像“白纸”这类结构“是一种具有强烈的凝固趋势的结构，它的结构原则不是自由的造句原则”“常常表现出一种‘单词化’的倾向”（朱德熙，1956）。吕叔湘在《形容词使用情况的一个考察》中也说：“单音节形容词修饰单音节名词为多，二者的组合多数像一个词。”我们在统计过程中也发现，同样结构的形名组合有些已经固化为词，而有些还是词组，如“白熊、黑熊、棕熊”都已凝结为词，而“黄马、黑马”还是词组。“白宫、白肉、黄页”这类词在英语和俄语中都是词组，而在汉语中已经凝结为词。这些给考察工作带来了一定的困难。在统计语料时，我们首先将那些意义明显凝固的搭配形式排除在研究范围之外，而对那些一时难以辨别的搭配形式采取扩展的方法，可以扩展而意义保持不变的搭配算作词组，意义有所改变的算作词，如“白马”可以扩展为“白的马”而意义保持不变,“白马”是一个词组,而“绿卡”扩展为“绿色的卡”意义有所改变，所以是一个词。同时，为了使词或词组的归类有据可循，我们依据《现代汉语词典》中的词条来确定某一组合是否已经固化为词。虽然《现代汉语词典》中的词条并不一定都是词，而且有很多的词没有被收录在该词典当中，但为了不在词和词组的界限问题上纠缠，为了使统计数据相对准确，我们依据该词典来确定某一搭配形式是词还是词组。即便如此，本书中的个别例子也许还会引起争议，对于这样的情况我们进一步进行商榷。

二、节律问题

“音节是汉语的基本语音感知单位和语音运用单位，它对汉语词项的解释和语法的揭示作用可能要超过其他形态变化丰富的语言。”（张国宪，2006）冯胜利（1996、1997、2000）将韵律构词学理论引入汉语合成词的研究，并结合韵律来研究句法，认为“韵律制约句法”。王洪君（2000）认为“形＋名”构成定中结构与“名＋名”构成的单双音节搭配不同，而与述宾结构接近。学者们对韵律的研究主要是从韵律的角度出发研究词法和句法。王灿龙（2002）从认知语义学的角度对这类研究提出了不同的意见，他认为句法组合的最终决定因素是认知语义。词与词的搭配在结构上存在韵律的问题，短语层面上的搭配可以是“1 ＋ 2”的结构，“短语层面的音步不受方向的限制”（冯胜利，1998），“‘形＋名’组合是一种韵律组配自由的构造”（张国宪，2005）。我们研究的是单音节形容词与名词的搭配，从音节上说，主要有两种形式：“1 ＋ 1”和“1 ＋ 2”。由于“1 ＋ 1”大部分已凝结为词，因此我们统计的形名搭配多属于“1 ＋ 2”模式。

三、关于“的”问题

吕叔湘（1965）进行实证研究后得出结论：单音节形容词修饰单音节名词为多，二者的组合多数像一个词，双音形容词＋双音名词为多；单音节形容词修饰名词不带 de 为多，带 de 是例外，双音形容词带 de 为多，但不带 de 的也常见。张国宪（1996）也认为，“形＋名”的结构一般为偏正结构，不论“形”是单音节还是双音节，与之进行搭配的“名”在音节上是比较自由的，既可以是单音节词，也可以是双音节词。构成“1 ＋ 1”或者是“1 ＋ 2”的模式。这个时候，一般在形容词和名词之间不加“的”，形容词是无标记定语，其主要作用是“限制对象的范围，给对象分类”。陈川（2006）对现代汉语单音节形容词修饰名词的方式进行了穷尽性的描写并对限制条件进行了研究，指出形名组合中无标记的占 95%，有标记的占 5%。

此外，人们在表达思想感情时，总是希望用最简洁的语言传递尽量多的信息，这体现了语言的经济原则。不加标记的搭配形式比加标记的搭配形式说起来更节省力气，因而不加标记的形名搭配形式使用频率更高。为了验证这一点我们选取两组搭配形式，一组是有标记的，一组是无标记的，然后在北京大学现代汉语语料库中对这两组搭配的使用频率进行检索，结果见表 1-2。

表 1-2　有标记形名搭配和无标记形名搭配使用频率表

序号	无标记的	出现频率	有标记的[①]	出现频率
1	矮个子	142	矮的个子	10
2	白衣服	70	白的衣服	22
3	长脖子	162	长的脖子	43
4	大城市	3, 967	大的城市	220
5	低价格	339	低的价格	128
6	短裙子	14	短的裙子	3
7	高温度	54	高的温度	34
8	好茶叶	25	好的茶叶	7
9	黑皮肤	89	黑的皮肤	27
10	坏消息	338	坏的消息	18

① 此类形容词前一般有“很、多、较”等成分，或为双音节词，也有的是重叠形式，统计时将这些形式一并计算在一起。

表 1-2 中的两组数据显示，单音节形容词与名词搭配中，无标记的搭配其使用频率远远高于有标记的搭配形式，因此，我们在统计形名搭配时，重点放在无标记的搭配形式上（包括可以有标记，也可以无标记的形式），而把那些常常需要加标记才能与名词搭配的形容词词项算作不能直接与名词搭配类，如“差$^{乙}_{3}$”（不好；不够标准），一般情况下，在修饰名词时都要加标记，“比较差的班级”“较差的情况”“不那么差的环境”等[①]。

---

① 在一定的语境中也可以说“差班”，但在我们统计的语料中没有出现这个搭配形式。

第二章　单音节形容词与名词搭配特点研究

第一节　形名搭配能力考察

一、对以往形名词搭配研究的分析

对于单音节形容词与名词搭配的问题，许多学者都进行过研究，朱德熙（1956）、吕叔湘（1965、1966）、张敏（1998）、张国宪（1996）等学者的研究是比较具有代表性的。

朱德熙（1956）在研究形容词时注意到，在“白纸”这类单音节形容词直接修饰名词的结构中，定语和中心语是互相选择的，二者不能任意替换。吕叔湘（1965）也注意到了单音节形容词直接修饰名词时对名词的选择性，“只有少数单音形容词是跟双音形容词一样，可以比较自由地修饰名词，只要意思讲得通；多数单音形容词在修饰名词的时候，都表现出一定的局限性，尽管意思讲得通，不一定就能组合在一起”。吕叔湘（1966）的《单音节形容词用法研究》是专门研究单音节形容词的重要文献，其对《普通话三千常用词表》里的140个单音节形容词进行了较为全面的考察和分析，其中包括对单音节形容词直接作定语的能力的考察，并以此为标准将单音节形容词大致分为3种：①比较自由(只有少数几个：大、小、新、旧、好、坏、真、假)；②不太自由（大多数属于这一类：重担子＊重箱子/脏衣服＊脏鞋/难题＊难问题/错字＊错数目)；③局限性很大，甚至完全不修饰名词（只有少数：贵、贱、紧、松、迟、美、稳、对、行、差、够、完）。张敏（1998）参照吕叔湘的分法，根据单音节形容词直接作定语的能力，将单音节形容词分为3类：①“无能的”，即跟任何N[①]都无法构成D[②]N结构的；②“有能的”，即能跟某些N构成DN结构，但有较大的限制的；③“全能的”，即能相当自由地构成DN的。在各类形容词的数量上，张敏认同吕叔湘的观点，也认为“无能的”是比较少的，绝大多数属于“有能的”。张敏还从认知语义学的角度对这3类形容词进行了详细的分析。张国宪（1996）对单、双音节形容词与名词、动词进行组合时的选择性进行了考察，结果显示，“从微观的角度着眼，在对名词范畴的选择上，单音节形容词有易于与可计量名词、双音节形容词有易于与不可计量名词搭配的倾向”。王改改（2004）对2,809个形容词词项进行了分析，其中有369个单音节形容词词项，这些单音节形容词词项中，

① N指的是名词。

② D指的是形容词。

可以直接修饰名词的占 70.7%。

从单音节形容词与名词搭配能力的角度来看，吕叔湘和张敏的研究比较具体，他们都根据搭配能力对单音节形容词进行了分类，指出单音节形容词可以分为 3 类，但他们并没有对分类的标准、每个类别具体有哪些形容词等问题进行详细说明。吕叔湘认为部分单音节形容词可以“比较自由”地与名词搭配，对于到底自由到什么程度，以及可以和多少名词搭配的形容词属于“比较自由”的形容词，张敏认为“全能的”单音节形容词可以相当自由地构成 DN 结构。从搭配能力上看，“全能的”形容词的搭配能力显然要强于“比较自由”的形容词。在这一点上，两位学者的研究结论还有一定的差异。另外，两位学者是以词为单位进行研究的，得出的结论是“相当自由的”（全能的）和“局限性很大的”（无能的）单音节形容词比较少，大部分都属于“不太自由的”（有能的），那么以词项为单位进行研究是否会得出相同的结论呢？该如何确定分类的标准呢？

二、本书对单音节形容词搭配能力的统计分析

本书在国家语委语料库中对 459 个单音节形容词词项与名词的搭配能力进行了统计，统计结果显示不能直接与名词搭配的词项共计 188 个，有 271 个词项可以直接跟名词搭配。这 271 个可以与名词直接搭配的词项，在搭配能力上存在很大的差异，有的词项仅能跟一、两个名

词搭配，或是在特定的语境中才能与名词搭配，而有的词项可以跟几百个名词搭配。我们对这 271 个词项所搭配名词的数量进行了统计，结果如下：

可以与 100 个以上名词搭配的词项：7 个；

可以与 51~100 个名词搭配的词项：10 个；

可以与 21~50 个名词搭配的词项：28 个；

可以与 11~20 个名词搭配的词项：82 个；

可以与 1~10 个名词搭配的词项：144 个。

从整体上看，这 271 个词项中大部分与 1 ～ 10 个名词进行搭配，我们以“10”[①] 为分界线，以自由度的大小为标准，将可与名词进行搭配的形容词词项分为两类：“高自由度”（127 个，见附表Ⅰ）和“低自由度”（144 个，见附表Ⅱ），而不能直接和名词搭配的词项，命名为“无自由度”（188 个，见附表Ⅲ）。

需要说明的是，“高自由度”和“低自由度”都是可以直接修饰名词的单音节形容词词项，中间可以不加“的”。有些搭配中间可以加“的”，也可以不加“的”，

① 之所以以“10”为分界线，出于两种考虑：一是可以与10个及以下的名词进行搭配的形容词词项有144个，这一类词项的数量比较多；二是这类词项中有近一半只能和一、两个名词搭配，这部分词项一般要在一定语境中才能出现，是比较特殊的一类。如果以“20”为界限就会有更多的词项与这些较特殊的词项混杂在一起，不利于进一步的研究分析。

这些搭配形式都属于可以修饰名词的一类，而那些必须加“的”才能与名词搭配的形容词则列入“无自由度”一类。“无自由度”形容词大体上包含两部分内容：一部分是完全不能和名词搭配的，如“错$_{2}^{甲}$(坏、差，用于否定形式)”[①]“好$_{7}^{甲}$(表示赞许、同意或结束等语气)”“中$_{1}^{甲}$(成；行；好)”等；另一部分是可以用在“很……的”“比较……的”“更……的”等结构中修饰名词的形容词，如“很差的条件”“非常深的感情”“更凶的目光”等。

同吕叔湘、张敏的研究相比，本书运用的是从语料库的自然语料中提取例证的方法，从统计数据中得出结论。我们的研究结论与两位学者的研究结论存在一定差异：

(1) 吕叔湘、张敏是以词为单位进行统计的，统计结果显示，“比较自由”(全能的)和“局限性很大”(无能的)的两类形容词占少数，而大部分属于“不太自由”(有能的)的一类。这也就是说，大部分形容词是可以与名词进行搭配的。我们以义项为单位进行统计，结果显示，可以与名词搭配的形容词占全部单音节形容词的60%(包括“高自由度”和“低自由度”两类)。这一点我们的统计结果与两位学者的结果基本一致。但从各小类形容词的数量来看，我们的研究结果与两位学者的结果存在一

① “错$_{2}^{甲}$”右上角的“甲”是指“错”在《词汇大纲》中是甲级词，右下角的“2”是指《现代汉语词典》中“错”的第二个形容词义项。

定的差异。两位学者都认为“比较自由”（全能的）和“局限性很大”（无能的）的两类形容词均占少数，而我们的统计结果显示“无自由度”一类是3类形容词中数量最多的，而“高自由度”和“低自由度”两类形容词在数量上相差不大。两位学者没有明确指出划分类别的标准，而我们是以形容词所搭配的名词的数量来确定类别的，这也许是产生差异的原因。

（2）张敏认为“全能的”单音节形容词可以相当自由地跟名词构成组合，而我们的统计结果显示，能够相当自由地跟名词组合的形容词并不多。能与100个以上的名词进行搭配的形容词词项只有7个，它们分别是“大$^{甲}_{1}$、好$^{甲}_{1}$、黑$^{甲}_{1}$、老$^{甲}_{1}$、女$^{甲}_{1}$、小$^{甲}_{1}$、新$^{甲}_{1}$”，其中搭配名词最多的是“小$^{甲}_{1}$”（表示在体积、面积、数量、力量、强度等方面不及一般或不及比较的对象），所搭配的名词数量超过550个。由此我们可以看出，“全能的”形容词也不是任意地与名词进行搭配，并不是相当自由地与名词进行组合，而是有一定限度。探索搭配规律，统计出经常与单音节形容词词项进行搭配的名词，并制定出相应的词语搭配表，对汉语教学是有很大帮助的。

（3）吕叔湘认为“大、小、新、旧、好、坏、真①、假”等词是“比较自由”的。在我们的“高自由度”表中，同

① 由于《词汇大纲》没有为“真”标注形容词词性，所以我们没有统计“真”与名词搭配的情况。

样可以看到这些词项，而且部分词项所搭配的名词的数量也比较多，这说明我们统计的结果与吕叔湘的统计结果是一致的，但在“低自由度”表中同样可以看到“大、小、好、坏”等词项，这是因为我们是以词项为单位进行统计的。这种统计方法可以充分显示出一个词的不同义项的搭配特点，如“大”，表示“在体积、面积、数量、力量、强度等方面超过一般或超过所比较的对象”等意义时，与名词的搭配能力非常强，而表示“排行第一的”和“用在时令或节日前，表示强调”等意义时，只能与几个名词搭配，搭配能力很弱。再如“高$_{1}^{\text{甲}}$”（表示从下向上距离大；离地面远）可以与 12 个名词搭配，而“高$_{2}^{\text{甲}}$”（表示在一般标准或平均程度之上的）则可以与 53 个名词进行搭配。由此可以看出，以词项为单位进行研究是非常科学的，可以使研究数据更准确，研究结果更有说服力。

（4）在我们统计的结果中，自由度最高的 7 个词项分别是大$_{1}^{\text{甲}}$、小$_{1}^{\text{甲}}$、好$_{1}^{\text{甲}}$、黑$_{1}^{\text{甲}}$、老$_{1}^{\text{甲}}$、女$_{1}^{\text{甲}}$、新$_{1}^{\text{甲}}$。吕叔湘列举的“大、小、新、旧、好、坏、真、假”是“比较自由”的形容词。将其进行对比，“大、小、好、新”几个词是我们都认可的搭配能力比较强的形容词，而对其他几个词的认识存在差异。吕叔湘列举的是 4 对反义形容词，在自然语料中，反义形容词的使用频率和搭配能力等方面都存在一定的差异，在我们统计的语料中，“好$_{1}^{\text{甲}}$”可以与 202 个名词进行搭配，而“坏$_{1}^{\text{甲}}$”只能和 13 个名词进行搭配。

（5）吕叔湘认为“贱、紧”两个词一般不能直接与名词搭配，张敏认为“呆、紧、饱、静、远、活、广、干”等词属于“无能的”，但在我们检索出的语料中可以发现，在一定的语境中，这些词是可以和名词搭配的，例如，贱金属（21）[①]、贱东西（15）、紧袖口（7）、呆鸟（20）、静水（42）、饱雨（4）、远树（17）、远源（9）、广袖（14），而“干”则可以和十几个名词进行搭配。由此可以看出，通过语料库对自然语料进行统计分析，比单纯“内省式”或对小范围的语料进行的研究更具科学性。

通过上面的比较可以看出，虽然我们和两位学者都根据搭配能力对单音节形容词进行了分类，但由于研究方法、所用语料等方面存在差异，所以每个小类中形容词的数量和范围并不一致。不同的方法、不同的语料对研究结果会产生很大的影响，如何尽可能采取相对科学、合理的研究方法是进行研究的首要前提。无论分类的结果如何，就单音节形容词的功能我们有一个共同的结论，就是单音节形容词大部分是可以直接与名词进行搭配，对名词起修饰限制作用的。我们通过具体数据更加科学地证实了这一点。

---

① 括号中的数字表明该搭配在北京大学现代汉语语料库中出现的次数。

第二节　形名搭配的语义特征

“语义问题是语言学中最为重要和复杂的领域”“这是语言的性质所决定的，因为语言是人类思维和交流的工具，而思维和交流的内容是意义”（许嘉璐，2002）。这表明了语义问题的重要性和复杂性。下面我们从语义的角度对形容词词项以及与之搭配的名词进行分析。

一、可以与名词搭配的形容词词项多为本义

在组合规则制约下，义位被分为两个系统：第一性义位（本义或基本义）和第二性义位（派生义）。前者选择限制较少，后者选择限制较多。前者的组合和搭配是个相对开放的系统，而后者的组合和搭配是个相对封闭的系统。在这两个系统里，语义语境制约较强，而语法的制约性都较弱。（张志毅、张庆云，2005）由此可以看出，词项的义位特性（本义或派生义）与组合的能力密切相关，本义的组合能力强，派生义的组合能力弱。

我们对“高自由度”“低自由度”和“无自由度”3类形容词词项的义位特性进行统计分析。一般情况下，词典在排列词条的义项时，将本义排在前面，将引申义或比喻义排在后面，《现代汉语词典》也是基本按照这样的原则编排的。我们对3类词项在该词典中的分布情况进行了调查，统计结果见表2-1。

表 2-1 3类形容词的不同词项在《现代汉语词典》中的分布情况表

单位：个

	义项$_1$	义项$_2$	义项$_3$	义项$_4$	义项$_5$	义项$_6$	义项$_7$	义项$_8$	义项$_9$
高自由度	91	24	6	2	3	1			
低自由度	76	35	23	7	2	1			
无自由度	60	62	29	20	8	5	2	2	1

注：表中的义项是具有形容词词性的义项。

根据表 2-1 中的数据我们可以进一步统计得出："高自由度"中义项$_1$和义项$_2$共 115 个，约占该类全部词项的 91%；"低自由度"中义项$_1$和义项$_2$共 111 个，约占该类全部词项的 77%；"无自由度"中义项$_1$和义项$_2$共计 122 个，约占该类全部词项的 65%。这也就是说，"高自由度"词项以本义和基本义为主。

从数量上看，"高自由度"一类是 3 类词项中最少的，但是从搭配能力和使用频率上看，"高自由度"是 3 类词项中最为重要的一类。我们曾对《词汇大纲》中的甲级单音节形容词的不同义项的使用频率进行过统计，统计结果显示，表示本义或基本义的义项使用频率最高①。我们从统计结果中随机抽取了 10 个词作为例证，见表 2-2。

① 参见步延新的硕士论文《面向对外汉语教学的单音节动词形容词义频研究》，北京师范大学，2005。

表 2-2　部分单音节形容词的不同义项的使用频率表

单位：次

	义项$_1$	义项$_2$	义项$_3$	义项$_4$
矮	17	11	1	
白	55	2		
低	80	18	2	
高	33	62	18	
黑	56	21	2	3
坏	15	8	15	4
旧	25	21	3	
浅	14	7	2	6
香	24	2	2	2
重	13	5	1	

表 2-2 中的数据可以更明确地显示出，表示本义和基本义的义项$_1$和义项$_2$是高频义项。“高自由度”词项中绝大部分都是义项$_1$和义项$_2$，这也就是说“高自由度”一类词项在自然语料中使用的频率最高。

我们从义位分布以及使用频率两个角度对 3 类形容词词项进行了分析，最后得出“高自由度”词项多为本义或基本义的结论。在 3 类词项中，虽然“高自由度”词项的数量是最少的，但该类词项的搭配能力最强，使用频率最高。因此，这类单音节形容词词项在所有单音节形容词词项中占有重要的地位。

二、所搭配名词的义类特点

索绪尔在研究词语的关系时提出了“组合关系”和“聚合关系”，这是词语搭配的基础理论之一，词语搭配体现了这两种关系。前面我们讨论了形容词与名词搭配的“组合关系”，下面我们从语义的角度来探讨形容词所搭配的名词的“聚合关系”。

“高自由度”形容词可以与多个名词搭配，与某一形容词进行搭配的名词形成了一个存在某种关系的聚类。在搭配理论中，这种聚类被称为“语义韵”。“语义韵”是搭配理论中一个非常重要的概念。“它是指某些词语由于经常同具有某种语义特征的语言单位共现而产生的一种语义特征。”（王泽鹏、张燕春，2005）语义韵是在词语搭配的基础上考察词的语义特点。语义韵是学者们在对外语进行搭配研究时确定的一个概念，而在汉语中其实早有类似的概念——“义类”。

所谓义类，就是词义的类别。《尔雅》是我国第一部语义分类词典。《仓颉篇》《急就篇》《幼学杂字》等识字类的书，其共同特点就是都是按照事物的类别进行编排的。这也可以证明，古人早就开始利用义类的观念进行启蒙教育。“古人之所以很早就按照义类归纳词，并且编成词典，说明汉民族的心理上，需要，或者说可以接受这样一个了解和把握词的观念。”（许嘉璐，2002）近年来，学者们也编纂了一些义类词典，如王安节等编的《简明类语词典》，林杏光、菲白等编的《简明汉语义类词典》，董大年主编的《现代汉语分类词典》等，这些词典对语文教学工作发挥了积极的作用。此外，林从纲（2006）、张和生（2007）等学者尝试将义类的观念引入第二语言教学。

“利用义类观念进行汉语教学，可能会让学习者更快、更多、更好地掌握汉语词汇（主要是理解深刻）。”（许嘉璐，2002）

从心理语言学的角度说，义类是人们对客观事物范畴化的结果，范畴是人类在认知过程中对事物的分类。人的大脑具有将事物分门别类的基本功能，也就是说，大脑会将具有共同特征的事物划分为同一个类别。人对事物的认识以概念的形式储存在大脑的心理词典中。这种储存不是无序零散的，而是有关联、有组织的。大脑中的词以各种大小不等的范畴形式类聚在一起。彼此联系的词在心理词典中形成了网络状的词义组织。这个网络中的各个节点词代表着词或词所携带的概念，它们通过各种联系连接在一起，形成层次网络模型。在词义网络上有些词处于同一层，而另外一些词处于更高的层次或更低的层次，词与词之间有明显的层次性。（王文斌，2002）在某一个词被使用时，与之相关的词就可以更便捷、更经济地从记忆中被激活、被提取。当一个使用频率较高的词被激活时，它会带动一串属于同一范畴的词。

我们在统计时发现，与“高自由度”一类形容词搭配的名词数量较多，在意义上也呈现出这种网络层次性，与人脑中的心理词典模式极为相似。比如，与“长$^{甲}_{1a}$”（表示两点之间的距离大，指空间）进行搭配的名词主要涉及5类词语，而与“红$^{甲}_{1}$”（像鲜血的颜色）进行搭配的名词主要涉及6类词语，见表2-3和表2-4。

表 2-3　与“长$^{甲}_{1a}$”搭配的名词义类表

身体部位	～脸、～面孔、～鼻子、～耳朵、～嘴巴、～舌头、～牙、～眉毛、～睫毛、～胡子、～头发、～辫子、～毛、～脖子、～颈子、～脚、～腿、～骨、～尾巴
服装饰品	～睡衣、～背心、～袍子、～旗袍、～袈裟、～布条、～布幔、～绸、～带、～襟、～围巾、～袖子
生活用品	～沙发、～板凳、～桌子、～抽屉、～楼梯、～绳子、～羽毛、～杆子、～棍子、～桨、～鼓
自然环境	～街、～桥、～青藤、～树枝、～葫芦、～铁板、～影子
其他	～距离、～计划、～队伍

表 2-4　与“红$^{甲}_{1}$”搭配的名词义类表

身体部位	～脸膛、～脑壳、～脑门、～眼睛、～眼圈、～眼珠、～胡子、～眉毛、～鼻子、～嘴丫、～嘴唇、～唇、～舌头、～脖子、～辫子、～发、～肚皮、～腹、～脚杆、～屁股、～骨髓、～冻疤、～肌肉、～尿、～斑点、～疙瘩
服装饰品	～衣服、～衣裳、～袄、～短袄、～毛衣、～旗袍、～裙子、～彩裤、～大褂、～背心、～兜兜、～裤衩、～盖头、～领结、～飘带、～纱巾、～头巾、～围脖、～发卡、～头绳、～绒绳、～带子、～包袱、～布包、～背褡、～臂章、～肩章、～皮带、～格子、～衬褶、～锦带、～缎面、～绫、～巾、～绸子、～布、～绣鞋、～皮鞋

续表

生活用品	～刀子、～剪刀、～碗、～茶壶、～蜡烛、～墨水、～球、～气球、～铅笔、～本、～针、～纸包、～锡包、～纸条、～灯光、～灯笼、～拜垫、～地毯、～毡、～毛毡、～漆器、～炉、～房子、～烟囱、～顶子、～玻璃窗、～窗花、～柱子、～板、～门、～砖、～砖末、～砖墙、～油漆、～糟、～棍、～绳子、～条子、～像章、～五角星、～扁、～标语～汽车、～帆、～饭、～米饭、～鸡蛋、～酱油、～肉、～烧鸡、～瓤、～蜜蜂、～葡萄酒、～色素
动物植物	～草莓、～桔、～橘子、～苹果、～柿子、～莲花、～玫瑰、～梅花、～月季、～花、～人参、～山茶、～罂粟、～桦树、～杉树、～松树、～稻米、～高粱、～棉花、～虫、～铃虫、～瓢虫、～蜻蜓、～蜘蛛～母牛、～鹿、～马、～蟒、～鱼、～鲤鱼
自然环境	～雾、～雪、～泉、～光、～焰、～太阳、～光线、～海洋、～河水、～沙石、～土岗
其他	～色调、～橙色、～黄色、～紫色、～棕色、～颜色、～点子

从上面这两个例子我们可以更直观地感觉到，与形容词搭配的名词呈现出的“义类”特点。每一“类”词都由某种共同的意义联系在一起，每一大类还可以根据需要再细分成若干小类，如与“红$_{1}^{甲}$”搭配的名词中有一类表示动物植物，可以再细分为“动物类”“植物类”，“动物类”可以进一步分“昆虫类”“兽类”“鱼类”等，“植物类”可以进一步分为“水果类”“鲜花类”“树木类”等。

这样就构成了一个具有上、下位关系的层级系统。

从意义上说，上述名词涉及身体部位、服装饰品、生活用品、自然环境、餐饮食品、动物植物等大类。认知语言学认为，“自然语言作为人类最主要的交际工具，它在本质上是人类感知、认识世界，通过心智活动将经验到的外在现实加以概念化，并将其编码的结果；换言之，自然语言是人类心智的产物。同时，由于心智活动和语言之间密不可分的关系，也由于心智本身难以独立地观察到，因此自然语言又是观察人类心智的一个重要窗口”（张敏，1998）。人类对范畴的认识及头脑中最终形成的范畴体系主要来自人类的生活经验。人们在认知世界时，一般是由近及远，由自身到周围的环境，逐步进行的。人们首先感知的是自己的身体，然后是服饰，之后是所用的工具及周围的环境，再之后是将具体的东西抽象出来，形成抽象的概念。这一点也体现在词语搭配上。

虽然上述两个形容词所搭配的名词都涉及身体部位、服装饰品、自然环境等几个方面，但并不是所有形容词所搭配的名词都具有这样的特征，都涉及这些方面，形容词所修饰的名词的“义类”特征与形容词的意义有直接的关系，如“全$_{2}^{甲}$”（表示整个），见表2-5。

表 2-5　与“全$_{2}^{甲}$”搭配的名词义类表

表示范围	全宇宙、全世界、全欧洲、全岛、全半岛、全南洋、全华北、全州
	全国、全中国、全俄罗斯、全北京、全上海、全广东、全陕西、全香港、全台
	全市、全城、全区、全县、全镇、全公社、全乡、全村、全庄、全屯、全寨
	全街、全街道、全站、全园
	全油田、全厂、全车间、全监狱、全课堂
	全船、全车、全馆、全池、全库、全矿、全列车、全楼、全屋
	全版、全画、全脚掌、全剧、全叶、全羊
表示群体	全人类、全社会、全民族、全族、全党、全家
	全师、全团、全营、全连
	全院、全所、全组、全队、全社、全大队
	全校、全年级、全系
	全行业、全公司、全企业
表示时间	全年、全季、全天、全月
其他	全过程、全身心

从这个例子我们可以看出，“全$_{2}^{甲}$”所修饰的名词主要表示范围，也有一部分表示群体或时间。形容词所搭配的名词可以呈现出“类”的特点，但具体包括哪些类别，与形容词的意义有直接的关系。

不管形容词所搭配的名词可以分为多少类，总体来看，这些名词都以一种层级网络的状态存在。这个层级系统与第二语言学习者头脑中的心理词典在某种情况下是吻合的。正如前面所说，人脑有对事物进行分类的功能，词义以网络的形式存在于人脑的心理词典中。第二语言学习者已经掌握了一定数量的词汇，在头脑中已经形成了一个不太完整的心理词典。我们可以利用学习者的这一认知特点以及形容词所搭配的名词的“义类”特点，采取有效的方法进行词语搭配的教学。首先我们先把可以与某个形容词搭配的名词按照一定的意义分成小类，小类中的名词以频率的高低为依据先后排列。教学时根据学生的程度，举出最常用的搭配形式。如讲解“全”的时候，可以列举3类搭配形式，分别表示范围（全国、全市、全城等）、表示群体（全班、全年级、全公司等）、表示时间（全年、全月、全天等）。学生了解“全”可以与这3类词进行搭配，教师所举的例子可以激活学生的心理词典中相关的词语，学生可以通过类推的方法了解更多的搭配形式。不过，在运用这一方法时也要注意过度“泛化”的问题。某个形容词并不是与某一范围内的所有名词都能自由搭配，如“全”可以与表示时间的名词搭配，但是不能说“全星期”“全小时”，所以教师要灵活地运用这一方法。

此外，我们在研究时还发现，同一类形容词词项所搭配的名词在类别上也存在共性特征。比如“白$^{甲}_{1}$”“黑$^{甲}_{1}$”“红$^{甲}_{1}$”“黄$^{甲}_{1}$”“绿$^{甲}_{1}$”“青$^{乙}_{1}$”“蓝$^{甲}_{1}$”“紫$^{乙}_{1}$”等颜色词，基本都可以与身体部位、服装饰品、生活家居、动物植物、自然环境等几类名词搭配，而一般不与抽象名词搭配，见表 2-6。

表 2-6 颜色词与名词搭配示例表

	身体部位	服装饰品	生活家居	动物植物	自然环境
白$^{甲}_{1}$	白皮肤 白胡子	白裙子 白帽子	白窗户 白墙壁	白荷花 白孔雀	白浪花 白云彩
黑$^{甲}_{1}$	黑眼睛 黑眉毛	黑皮鞋 黑毛衣	黑铁锅 黑碗	黑鸟 黑葡萄	黑岩石 黑泥巴
红$^{甲}_{1}$	红脸膛 红嘴唇	红裤子 红皮包	红窗子 红烟囱	红蜻蜓 红月季	红沙石 红土岗
黄$^{甲}_{1}$	黄皮肤 黄眼睛	黄军装 黄制服	黄雨伞 黄胶布	黄树叶 黄蝴蝶	黄烟 黄尘
绿$^{甲}_{1}$	绿眼睛	绿军装 绿毛衣	绿油漆 绿电钮	绿孔雀 绿树枝	绿雾 绿海
青$^{乙}_{1}$	青脸膛	青布衫 青道袍	青布	青辣椒 青柿子	青山坡
蓝$^{甲}_{1}$	蓝眼睛 蓝眼珠	蓝警服 蓝裤子	蓝信封 蓝玻璃	蓝孔雀 蓝花	蓝天 蓝海
紫$^{乙}_{1}$	紫斑 紫脸膛	紫衣服 紫纱巾	紫窗帘	紫茄子 紫桑葚	紫云 紫火星

一些反义形容词所搭配的名词也具有共性特征，如“长$^{甲}_{1a}$”和“短$^{甲}_{1a}$”、“粗$^{乙}_{1}$”和“细$^{甲}_{1}$”多与表示身体部位、服装饰品、生活用品等类名词搭配，而“新$^{甲}_{1}$”

和“旧$^{\text{甲}}_{1}$”多与制度、观念、思想等抽象类名词搭配，“低$^{\text{甲}}_{2}$”和“高$^{\text{甲}}_{2}$”也多与抽象类名词进行搭配。将词语搭配的这些特征合理地运用到词汇教学中，是提高词汇教学效果的良好途径之一。

三、搭配双方的相互选择性和限制性

单音节形容词与搭配的名词在意义上具有选择性，所搭配的名词要在语义上与修饰它的形容词相配合，这种选择性是以现实生活为基础的。词语搭配反映的是客观世界存在的事物，客观世界中不存在的现象一般不会出现相应的搭配形式，有的虽然以比喻等形式出现，但出现的频率比较低。如可以说“圆球”“方格子”，但是不能说“方球”“圆格子”。“圆”选择了形态上是圆的东西进行搭配，同样“球”也根据自身的特点选择了“圆”来进行修饰。如果是“桌子”，则既可以是“方桌子”，也可以是“圆桌子”，因为现实生活中的“桌子”有方的，也有圆的。所以我们说，词语搭配的双方具有相互选择性。

从形容词的角度来说，这种选择性可以看作是一种限制性。形容词本身的意义对所搭配的名词具有限制作用，如“大$^{\text{甲}}_{2}$”表示排行第一的，这个意义已经限制了所搭配的名词必须是表示人的，一般是家庭成员，是可以进行排行的，所以“大儿子、大姑娘、大闺女、大弟子”是出现频率比较高的搭配形式。“浅$^{\text{甲}}_{5}$”表示颜色淡，搭配的都是表示颜色的名词，如“浅粉色、浅绯色、浅褐色、浅红色、浅灰色、浅咖啡色、浅蓝色、浅绿色、浅桃色、浅紫色、浅棕色、浅绛色”等。“单$^{乙}_{2}$”表示只有一层的，一般搭配服装类名词，如“单背心、单长衫、单褂子、单皮鞋、单裤子、单帽、单皮衣、单裙子、单线袜、单衣裤”。这说明形容词与名词进行搭配时，所搭配的名词受形容词的意义的限制，换句话说，形容词对所搭配的名词具有限制性作用。这一点在“低自由度”一类形容词中表现得尤为明显。“低自由度”一类形容词词项是比较特殊的一类，这类形容词可以跟名词搭配，但是可搭配的名词的数量非常少。在全部 144 个形容词中有近一半只能与一两个名词搭配。这些搭配分为两种情况：一种情况是，只有在一定语境中才出现的搭配，如“饱”一般不与名词搭配，而“饱汉子”是一个形名搭配形式，这种形式只在“饱汉子不知饿汉子饥”这个句子中出现，且出现的频率不高；另外一种情况是，虽然所搭配的名词不多，但每个搭配形式出现的频率比较高，如“好身体”“棒小伙”“老儿子”“愣小子”“乖孩子”“硬汉子”“尖嗓子”“尖耳朵”等。这些形容词之所以只能与几个名词搭配，主要原因在于它们的意义非常明确，限制了所搭配的名词的范围。如“好身体”中“好”的意思是身体健康、疾病痊愈；“老儿子”中的“老”专指排行在末了的；“乖孩子”中的“乖”指“小孩不闹；听话”；“尖嗓子”中的“尖”表示声音高而细；“尖耳朵”中的“尖”表示耳、口、鼻灵敏。受形容词语义的限制是此类形容词所搭配的名词数量少的最主要原因。除此之外，此类形名搭配还具有以下几种。

1. 结构紧凑的搭配

有些搭配形式，特别是双音节搭配形式结合得非常紧密，几乎可以凝结为一个词，如“暗斑”“暗洞”“饱雨”“白粥”“薄粥”“妙品”“妙句”等。我们主要是依据《现代汉语词典》来确定是词还是词组。自然语言中词的数量非常庞大，任何词典都无法将其全部囊括其中，所以有些似词非词或处在过渡阶段的搭配形式就被排除在外。这些词给人的感觉已经结合得非常紧密，可以称之为“词”了，但是还没有被《现代汉语词典》收录进去，所以我们仍将其作为词组。

2. 特殊语境中的搭配

“多”一般不与名词搭配，但是在排比结构中，“多”可以与几个名词进行搭配，如“多层次”“多角度”“多方位”“多视角”“多类型”“多方面”等。这些搭配形式在使用时通常是两三个同时出现，不过偶尔也会见到一个搭配形式单独使用的情况。“广袖”出于诗句“寂寞嫦娥舒广袖”，但是在语料中我们也看到了“轻舞广袖”等用法。

3. 行业用语中的搭配

部分搭配在我们日常生活中很少遇到，其主要用于某个行业，如“错款”、“错账”（金融行业）、“粗肥”、“僵蚕”（农业）等。

4. 特殊时期的搭配

“黑文章”“黑作家”“黑展览”“黑笔杆”，这些都是在“文化大革命”时期常用的搭配形式，是特定时期的特定产物，这类搭配具有临时性的特点。

四、“无自由度”单音节形容词的语义特点

“无自由度”单音节形容词有188个，是3类形容词中数量最多的。从语义上看，这些形容词大致可以分为以下几类。

1. 心理、生理的感觉

沉$^{丙}_{3}$(感觉沉重，不舒服)、慌$^{乙}_{1}$(慌张)、渴$^{甲}_{1}$(口干想喝水)、困$^{乙}_{1}$(疲乏想睡)、累$^{甲}_{1}$(疲劳)、闷$^{丙}_{1}$（mēn）(气压或空气不流通而引起的不舒畅的感觉)、痒$^{丁}_{1}$(皮肤或黏膜受到轻微的刺激时引起的想挠的感觉)、香$^{甲}_{3}$(吃东西胃口好)、香$^{甲}_{4}$(睡得踏实）等。

干$^{乙}_{2}$(空虚；空无所有)、急$^{甲}_{1}$(想要马上达到某种目的而激动不安；着急)、烂$^{乙}_{4}$(头绪乱)、冷$^{甲}_{3}$(比喻灰心或失望)、凉$^{乙}_{2}$(比喻灰心或失望)、闷$^{丙}_{1}$(mèn)（心情不舒畅；心烦)、酸$^{甲}_{2}$(悲痛；伤心)、虚$^{丁}_{1}$(因心里惭愧或没有把握而勇气不足)、乱$^{甲}_{2}$(心绪不宁)、忙$^{甲}_{1}$(事情多，不得空)、酸$^{甲}_{2}$(悲痛；伤心)、痒$^{丁}_{2}$(比喻想做某事的愿望强烈，难以抑制）等。

2. 对人的评价

粗$^{乙}_{6}$(鲁莽；粗野)、独$^{丁}_{1}$(<口>自私；容不得人)、

狂$^{\text{丙}}_{1}$（狂妄）、精$^{\text{丙}}_{2}$（机灵心细）、宽$^{\text{乙}}_{2}$（宽大；不严厉；不苛求）、辣$^{\text{丙}}_{2}$（狠毒）、嫩$^{\text{丙}}_{4}$（阅历浅，不老练）、酸$^{\text{甲}}_{3}$（迂腐）、窄$^{\text{乙}}_{2}$（心胸不开朗；气量小）、滑$^{\text{乙}}_{2}$（油滑；狡诈）、尖$^{\text{乙}}_{4}$（尖刻）、浅$^{\text{甲}}_{3}$（浅薄）、冷$^{\text{甲}}_{2}$（不热情；不温和）、软$^{\text{乙}}_{4}$（能力弱；质量差）、土$^{\text{丙}}_{2}$（不合潮流；不开通）、凶$^{\text{丙}}_{1}$（凶恶）、阴$^{\text{甲}}_{2}$（阴险；不光明）等。

乖$^{\text{丙}}_{2}$（伶俐；机警）、灵$^{\text{丁}}_{1}$（灵活；灵巧）、善$^{\text{丁}}_{1}$（善良；慈善）、宽$^{\text{乙}}_{2}$（宽大；不严厉；不苛求）、帅$^{\text{丁}}_{1}$（英俊；潇洒；漂亮）、稳$^{\text{乙}}_{2}$（稳重）、香$^{\text{甲}}_{5}$（受欢迎；被看重）、直$^{\text{乙}}_{4}$（直爽；直截）、行$^{\text{甲}}_{1}$（能干）、正$^{\text{乙}}_{2}$（正直）等。

3. 对事物的评价或态度

差$^{\text{乙}}_{3}$（不好；不够标准）、肥$^{\text{乙}}_{3}$（收入多；油水多）、贵$^{\text{甲}}_{1}$（价格高；价值大）、深$^{\text{甲}}_{2}$（深奥）、错$^{\text{甲}}_{2}$（坏、差，用于否定形式）、偏$^{\text{丙}}_{1}$（不正；倾斜）、糟$^{\text{丙}}_{2}$（指事情或情况坏）优$^{\text{丁}}_{1}$（优良；美好）、圆$^{\text{甲}}_{2}$（圆满；周全）、正$^{\text{乙}}_{4}$（色、味醇正）等。

好$^{\text{甲}}_{7}$（表示赞许、同意或结束等语气）、对$^{\text{甲}}_{1}$（相合；正确；正常）、中$^{\text{甲}}_{1}$（成；行；好）等。

4. 描写事物的状态

白$^{\text{甲}}_{2}$（光亮、明亮）、厚$^{\text{乙}}_{5}$（家产富有；殷实）；脆$^{\text{丁}}_{3}$（声音清脆）、晴$^{\text{甲}}_{1}$（天空无云或云很少）等。

薄$^{\text{乙}}_{4}$（土地不肥沃）、惨$^{\text{丙}}_{1}$（悲惨；凄惨）、脆$^{\text{丁}}_{1}$（容易折断破碎）、淡$^{\text{乙}}_{5}$（营业不旺盛）、繁$^{\text{丁}}_{1}$（繁多；复杂）、光$^{\text{乙}}_{2}$（一点儿不剩；全没有了；完了）、花$^{\text{甲}}_{2}$（眼睛模糊迷

乱）、挤$^{\text{甲}}_{1}$（地方相对地小而人或物相对地多）、僵$^{\text{丙}}_{2}$（事情难于处理，停滞不前）、紧$^{\text{甲}}_{1}$（物体受到几方面的拉力或压力以后呈现的状态）、枯$^{\text{丙}}_{2}$（井、河流等变得没有水）、牢$^{\text{丙}}_{1}$（牢固；经久）、瘦$^{\text{乙}}_{4}$（地力薄；不肥沃）、糟$^{\text{丙}}_{1}$（腐烂；腐朽）、糟$^{\text{丙}}_{2}$（指事情或情况坏）、窄$^{\text{乙}}_{3}$（生活不富裕）等。

5. 表示比较或程度

矮$^{\text{甲}}_{3}$（级别、地位低）、薄$^{\text{乙}}_{2}$（感情冷淡；不深）、浅$^{\text{甲}}_{4}$（感情不深厚）、轻$^{\text{甲}}_{3}$（不重要）、惨$^{\text{丙}}_{2}$（程度严重；厉害）、沉$^{\text{丙}}_{1}$（程度深）、多$^{\text{甲}}_{2}$（表示相差的程度大）、好$^{\text{甲}}_{6}$（用在动词后，表示完成或达到完善的程度）、好$^{\text{甲}}_{9}$（用于动词前，表示容易）、厚$^{\text{乙}}_{2}$（感情深）、厚$^{\text{乙}}_{3}$（利润大）、厚$^{\text{乙}}_{4}$（味道浓）、老$^{\text{甲}}_{4}$（食物火候大）、亮$^{\text{甲}}_{2}$（声音强；响亮）、强$^{\text{乙}}_{2}$（感情或意志所要求达到的程度高；坚强）、满$^{\text{甲}}_{1}$（全部充实；达到容量的极点）、齐$^{\text{乙}}_{3}$（完备、全）、熟$^{\text{甲}}_{6}$（程度深）、透$^{\text{乙}}_{2}$（达到饱满的、充分的程度）、远$^{\text{甲}}_{3}$（差别程度大）、重$^{\text{甲}}_{2}$（程度深）等。

稀$^{\text{丙}}_{1}$（事物之间距离远；事物的部分之间空隙大）、迟$^{\text{丙}}_{1}$（比规定的时间或合适的时间靠后）、平$^{\text{乙}}_{2}$（两相比较没有高低、先后；不相上下）、晚$^{\text{甲}}_{2}$（比规定的或合适的时间靠后）、近$^{\text{甲}}_{1}$（空间或时间距离短）等。

“无自由度”一类形容词主要表达上述意义，此外，还有一些无法归类的形容词，如正$^{\text{乙}}_{7}$（属性词，指失去电子的）、正$^{\text{乙}}_{8}$（属性词，大于零的）、直$^{\text{乙}}_{3}$（从上到下的；从前到后的）、早$^{\text{甲}}_{2}$（问候的话，用于早上见面时互相招呼）等。

从上述所列几类词项中我们可以看出，“无自由度”单音节形容词中表示负面的、不好的、差的等消极意义的词项多于表示正面的、好的积极意义的词项。多数词项描写人心理、生理上不舒服的感觉，对人、事物不好的评价，或是描述事物较差的特性。

第三节　形名搭配的语用特征

“语用指词语或句式（有时也包括语素）在语言中的运用，语用频率指词语及句式在一定的语言材料中运用的次数。”（邹韶华，2001）人们可以根据词语在自然语言中出现的次数的多少来分析它的语用特征，并由此总结出词语使用的规律和特点。本节将通过形名搭配在自然语料中使用的频率来分析单音节形容词与名词搭配的语用特征。

一、积极意义和消极意义形容词的语用频率特征

这里所说的积极意义和消极意义不是一般的褒义和贬义，它们的范围比较宽泛。除了褒义和贬义之外，还包括表示“大、多、长”和“小、少、短”具有计量意义的词，以及“甜、亮、热”和“苦、暗、冷”表示感觉的词等。

邹韶华（2001）曾经对“好、坏、美、丑、大、小、高、低、强、弱、多、少”等6组表示积极意义和消极意

义的词的分布情况进行过统计。统计结果显示，“积极意义和消极意义在语言运用中的覆盖面是不均衡的”，无论作为语素，还是作为词，表示积极意义的字均占优势。下面，我们以词项为单位，选取 13 组正、反义形容词词项，从词语搭配的角度来调查积极意义和消极意义形容词词项的语用情况。我们对这些形容词词项与名词的搭配能力进行统计，结果见表 2-7。

表 2-7　正、反义形容词所搭配名词的数量表

单位：个

	积极意义		消极意义	
序号	词项	搭配词数	词项	搭配词数
1	长$^{甲}_{1a}$	53	短$^{甲}_{1a}$	58
2	大$^{甲}_{1}$	196	小$^{甲}_{1}$	551
3	高$^{甲}_{2}$	53	低$^{甲}_{2}$	29
4	好$^{甲}_{1}$	202	坏$^{甲}_{1}$	13
5	快$^{甲}_{1}$	6	慢$^{甲}_{1}$	5
6	宽$^{乙}_{1}$	8	窄$^{乙}_{1}$	9
7	亮$^{甲}_{1}$	8	暗$^{乙}_{1}$	8
8	强$^{乙}_{1}$	25	弱$^{乙}_{1}$	14
9	热$^{甲}_{1}$	28	冷$^{甲}_{1}$	10
10	甜$^{乙}_{1}$	13	苦$^{甲}_{1}$	5

续表

	积极意义		消极意义	
序号	词项	搭配词数	词项	搭配词数
11	新$^{甲}_{3}$	210	旧$^{甲}_{2}$	56
12	早$^{甲}_{1}$	11	晚$^{甲}_{1}$	5
13	正$^{乙}_{1}$	8	歪$^{乙}_{1}$	5
合计		821		768

注：表中的“搭配词数”指可与该词项进行搭配的名词数量。

从表 2-7 我们可以看出，“长$^{甲}_{1a}$、大$^{甲}_{1}$、高$^{甲}_{2}$、好$^{甲}_{1}$、强$^{乙}_{1}$、热$^{甲}_{1}$、甜$^{乙}_{1}$、新$^{甲}_{3}$等 8 个表示积极意义的形容词在词语搭配方面占优势，特别是“新$^{甲}_{3}$、好$^{甲}_{1}$、大$^{甲}_{1}$”等占绝对优势，而“长$^{甲}_{1a}$、快$^{甲}_{1}$、宽$^{乙}_{1}$、亮$^{甲}_{1}$”等表示积极意义的形容词与“短$^{甲}_{1a}$、慢$^{甲}_{1}$、窄$^{乙}_{1}$、暗$^{乙}_{1}$”等表示消极意义的形容词所搭配名词的数量基本一致，很难确定哪类形容词更占优势。表示消极意义的“小$^{甲}_{1}$”所搭配名词的数量大大超过了表示积极意义的“大$^{甲}_{1}$”。从积极意义与消极意义形容词与名词搭配的总体数量来看，表示积极意义的形容词略高于表示消极意义的形容词。

从总体上看，我们统计的结果与邹韶华的统计结果基本一致，就是说在人们的交际过程中，表示积极意义的形容词比表示消极意义的形容词更为常用。从社会心理学的角度来说，表示积极意义的词语搭配的名词数量占有一定的优势，反映出人们求真求美的心理倾向。中华民族是一个爱美的民族，人们在劳动和生活中不断追求幸福和快乐，内心深处向往着美好的、丰富多彩的生活。这一点也反映在人们交流的工具——语言之中。在语言交际时，人们更常使用具有积极意义的词汇，这正迎合了汉民族的心理状态和思维习惯。

二、“大”和“小”的语用频率特征

在人类语言和认知的产生和发展过程中，空间经验是一切认知经验的基础，对时间、精神活动、社会现象等抽象领域的认知和表达都建立在空间认知经验的基础之上。在表示空间概念的形容词中，“大”和“小”的意义最为概括，语义最为活跃，使用范围最大。（马庆株，1995）在语言中“大”和“小”的习得也是最早的,“大”和“小”在语言中的地位与人自身的认知能力有关。

邹韶华（2001）从字频、词频、语素频率的角度对“大”和“小”进行过统计，结果均显示“大”比“小”更为常用。沈家煊（1999）也指出，有许多事物和动作的名称有“大”无“小”，如大后方、大革命、大亮、大吼、大热天、大好河山等，当然也有只有“小”没有“大”的情况，如小辫子、小伙子、小心眼等，但一则数量不如有“大”无“小”的多，二则“小”在这些名词中都有前缀，和词根的结合在结构和语义上都比较密切。因此证明“大”是有标记的,“小”是无标记的。李军、任永军（2002）认为：“‘大’的组合能力远远大于‘小’，这是因为事物正是由于其整体纬度的量的突显才引起我们的注意，并进而对其进行描述，因而事物越‘大’才越能够引起我们的注意；越‘小’越不能引起我们的注意。”在语料库中“大”出现的频率也远远高于“小”，北京大学的语料库中两者出现的频率为 1,303,069∶95,297，国家语委的语料库中两者出现的频率为 19,650∶13,121。

无论是学者们的研究还是在语料库中统计的数据都证明，“大”比“小”更为常用、更重要，而我们从搭配的角度进行统计，却得出了相反的结论，与“小”搭配的名词数量远远高于与“大”搭配的名词，为什么会出现这样的情况？为了深入了解产生这种差异的原因，我们对“大”和“小”这组形容词做进一步的统计分析。

下面是“大$^{甲}_{1}$”（在体积、面积、数量、力量、强度等方面超过一般或超过所比较的对象）和“小$^{甲}_{1}$”（在体积、面积、数量、力量、强度等方面不及一般或不及比较的对象）在国家语委的语料库中所搭配名词的情况。我们根据“大$^{甲}_{1}$”“小$^{甲}_{1}$”两个形容词词项所搭配名词的义类特点，将名词分别分为 5 类：人物称谓、动物植物、日常生活、自然环境以及其他（不能归入前 4 类的名词）。详见表 2-8、表 2-9：

表 2-8　与"大$^{\text{甲}}_{1}$"搭配的名词表

人物称谓	职业身份	～科学家、～老板、～能人、～气功师、～神学家、～诗人、～文豪、～戏剧家、～演员、～医生、～英雄、～作曲家、～掌柜、～财阀、～地主、～独裁者、～官僚、～汉奸、～坏蛋、～皇帝、～军阀、～买办、～叛徒、～资本家、～特务、～文盲
	身体部位	～鼻子、～耳朵、～嘴巴、～眼睛、～眼珠、～黄牙、～腮帮、～脖子、～脑袋、～尾巴、～辫子、～胖子、～脚印
动物植物	动物	～牲口、～狗、～母狗、～灰狼、～狼狗、～灰驴、～骡子、～绵羊、～羚羊、～羊群、～母鸡、～白马、～袋鼠、～青蛙、～蛇、～白鼠、～天鹅、～兔子、～王八、～章鱼、～鲨鱼、～海龟、～蛟龙、～老鹰、～蜈蚣、～蜘蛛、～珊瑚
	植物	～萝卜、～蜜桃、～苹果、～柿子、～西瓜、～西红柿、～葫芦、～槐树、～榆树
日常生活	生活环境	～城市、～别墅、～公园、～花园、～建筑物、～拱门、～校园、～教堂、～教区、～商场、～商店、～铺子、～宾馆、～饭馆、～书局、～体育场、～浴池、～院、～院子、～宅院、～瓦房、～房间、～屋子、～厨房、～客厅、～帐篷、～烟囱

续表

	日常用品	～床、～圆桌、～桌子、～椅子、～笼子、～箱子、～木箱、～手提箱、～盒子、～酒杯、～扇子、～挎包、～罩衫、～棉袄、～包袱、～木块、～布告、～地图、～屏幕、～水滴、～水壶、～水箱、～铜缸、～铜牌、～相片、～纸袋
	生产	～工厂、～企业、～货舱、～熔炉、～烧杯、～算盘、～喇叭、～染缸、～试管、～卡车、～车灯、～车门、～轮船
自然环境		～草原、～平原、～戈壁、～池塘、～山脉、～油田、～冰山、～洪水、～雨、～雷雨、～乌云、～海啸、～山洞、～石头、～水坑、～部落、～村子、～卫星、～分子、～颗粒、～耀斑、～火球
其他		～国、～中国、～部门、～社会、～单位、～家庭、～民族、～组织、～宝库、～变化、～成绩、～成就、～幅度、～革命、～希望、～发现、～贡献、～好事、～规模、～秘诀、～目标、～段落、～容量、～项目、～银奖、～原则、～悲剧、～错误、～破坏、～问题、～阴谋、～灾难

表 2-9　与“小$_{1}^{甲}$”搭配的名词表

人物称谓	职业	～大夫、～翻译、～科学家、～画家、～作家、～诗人、～设计师、～干部、～先生、～警察、～老师、～军官、～英雄、～勇士、～战士、～八路、～侦察员、～经理、～职员、～运动员、～秘书、～会计、～演员、～护士、～司机、～女工、～水手、～画匠、～木匠、～花匠、～铁匠、～石匠、～瓦匠、～木工、～商人、～渔民、～师傅、～保姆、～包工、～长工、～学堂、～学徒、～学员、～店员、～工人
	身份	～股东、～明星、～同学、～同志、～邻居、～读者、～羊倌、～野人、～客人、～管家、～宫女、～妇人、～和尚、～牛娃、～女婿、～胖墩、～矮人、～主人、～病人、～尼姑、～罗汉、～太监、～婴儿、～孩子、～姑娘、～侄儿、～侄女、～姐弟、～姐妹、～阿妹、～妹妹、～哥俩、～叔叔、～外甥、～娃娃、～孙女、～孙子、～媳妇、～青年、～神童、～资本家、～海盗、～贵族、～军阀、～老板、～酒鬼、～混蛋、～娼妇、～贩子、～霸王、～地主、～鬼子、～娘们、～痞子、～乞丐、～婆娘、～贼、～杂种、～头子、～无赖、～丫头、～乐队、～队伍、～党、～团体、～机构、～集体、～剧团、～群体、～部落
	身体部位	～脑袋、～脸蛋、～圆脸、～嘴、～嘴儿、～眼睛、～鼻子、～门牙、～胡须、～发辫、～髻、～胳膊、～手儿、～拳头、～腰板、～膀胱、～尾巴、～舌头、～静脉、～血管、～疙瘩、～毛病

续表

动物植物	昆虫、禽类	～动物、～家禽、～野兽、～白虫、～苍蝇、～虫子、～幼虫、～蝗虫、～飞虫、～蜘蛛、～蚂蚁、～蜜蜂、～蜻蜓、～蛐蛐、～粉蝶、～蝴蝶、～金蜂、～山雀、～蜗牛、～鸟、～白鸽、～鸽子、～翠鸟、～公鸡、～鹅、～鸭子、～海鸥、～麻雀、～猫头鹰、～天鹅、～仙鹤
	兽类	～白猫、～母猫、～猫、～老鼠、～白鼠、～耗子、～狗、～花狗、～哈巴狗、～黑狗、～灰兔、～白兔、～兔子、～羔、～白猪、～花猪、～公猪、～牛、～奶牛、～黄牛、～母牛、～山羊、～羊羔、～毛驴、～马驹、～马、～黑马、～松鼠、～狐狸、～泥猴、～猕猴、～猴儿、～猴子、～猩猩、～豹子、～狼、～鹿、～河马、～象、～虎、～黑虎、～白龙
	鱼类	～鱼、～草鱼、～黄鱼、～黑鳗、～黑鱼、～鲫鱼、～金鱼、～鲤鱼、～泥鳅、～鲨鱼、～鲟鱼、～银鱼、～蝌蚪、～蛤蟆、～海豚
	植物	～白桦、～白杨、～黑麦、～黄花、～稻秧、～灌木、～红柿、～花朵儿、～花苞、～浆果、～梨子、～绿豆、～辣椒、～树林、～树苗、～柳树、～麦粒、～杂粮、～樟树、～枝丫、～乔木、～柿子、～野花、～桃子、～秧苗、～玉米

续表

日常生活	生活环境	～上海、～城堡、～城市、～城镇、～县、～县城、～村、～村落、～山村、～村屯、～村庄、～村子、～机场、～医院、～银行、～教堂、～公园、～花园、～菜园、～农圃、～牛场、～园子、～操场、～街、～胡同、～北门、～店、～商店、～店铺、～百货店、～杂货店、～古董店、～酒店、～旅店、～饭店、～饭铺、～食堂、～食摊、～餐馆、～客栈、～尖塔、～石碑、～塔、～别墅、～楼房、～公寓、～房间、～屋子、～阁楼、～茅屋、～土屋、～平房、～牛棚、～窝棚、～茶室、～厨房、～窗户
	日常用品	～摆件、～摆设、～玩意、～物体、～玻璃球、～宝剑、～簸箕、～杯子、～叉子、～盖子、～匙、～勺子、～汤勺、～刀子、～酒杯、～茶杯、～茶盒、～冰块、～足球、～灯笼、～风筝、～地毯、～电灯、～电脑、～灯泡、～灯座、～镜子、～箱、～箱子、～衣箱、～方盒、～盒、～盒子、～铁盒、～木凳、～木箱、～桌、～方桌、～椅子、～板凳、～凳子、～竿、～本子、～册子、～尺、～钩子、～棺材、～棍儿、～铁马、～黑板、～管子、～罐子、～红灯、～台灯、～红花、～花灯、～花圈、～竹篮、～竹筒、～篓子、～缝衣针、～喇叭、～礼物、～镰刀、～盘子、～木棒、～农具、～盆、

续表

		～盆景、～屏幕、～瓶子、～沙发、～扇子、～铜镜、～铜锣、～铜牌、～筒、～烟袋、～摇车、～珍珠、～球、～纸球、～圆球、～纸条、～食品、～酥鱼、～汤圆、～衣裳、～棉袄、～围裙、～白帽、～黑帽、～草帽、～口袋、～裤头、～挎包、～包、～皮包、～皮带、～皮袋、～皮鞋、～手帕、～鞋子、～包裹、～布头、～毛巾、～带子、～袋、～电影、～歌剧、～镜头、～高潮、～舞曲、～晚会、～故事、～题材、～杰作、～角色、～文章、～栏目
	生产	～厂、～工厂、～单位、～企业、～车床、～车间、～仓库、～工具、～高炉、～锅炉、～钢绳、～配件、～磁铁、～磁针、～螺丝刀、～烧杯、～办公桌、～工业品、～标语、～红旗、～旗、～牌子、～实验、～批量、～生意、～科技、～行业、～指标、～飞机、～包车、～火车、～货轮、～汽车、～板车、～拖拉机、～筏子、～帆船、～木船、～油门
自然环境		～电站、～渔港、～岛、～海岛、～池塘、～草滩、～风、～河流、～黄河、～湖、～山包、～山沟、～山坡、～山泉、～山溪、～浪花、～林场、～尘粒、～斑点、～亮点、～孔、～圆孔、～圆圈、～洞、～洞眼、～冰晶、～光源、～北风、～火星、～雨点、～砂眼、～瀑布、～生物、～石头、～石子、～水滴、～水沟、～水泡、～水洼、～水珠、～水柱、～太阳、～土堆、～星星、～宇宙、～细胞、～生命、～分子、～黑点、～黑洞

续表

其他		～段、　～范围、　～规模、　～概率、 ～别扭、　～冲突、　～部分、　～国家、 ～问题、　～误会、　～系统、　～学科、 ～意见、　～战斗、　～家底、　～建议、 ～经验、　～竞赛、　～矩形、　～距离、 ～地方、　～麻烦、　～模样、　～魔术、 ～年龄、　～社会、　～炮弹、　～坦克、 ～事情、　～手术、　～数字、　～套数

我们按照搭配名词的类别，对“大$^{甲}_{1}$”“小$^{甲}_{1}$”两个形容词词项与名词搭配的情况进行以下分析。

1. 表示职业身份类

这类名词是比较特殊的一个类别，“大”“小”与这类名词搭配时，具有不同的意义，因此我们对这类名词进行较为详细的分析。

（1）与“大”所搭配名词的特点。

与“大”搭配的名词中，有的只与“大”搭配，有的则既可以与“大”搭配，也可以与“小”搭配，此时“大”和“小”在意义上不是完全对等的。

一般情况下，只与“大”搭配的名词，如“戏剧家”“作曲家”“气功师”“神学家”“财阀”“独裁者”等，表示具有一定社会地位、有知名度、有影响力的人物。这些人物并不一定都是正面的、积极的，也可以是反派人物。这些名词与“大”搭配后，程度进一步加深。

大多数名词既可以与“大”搭配，也可以与“小”

搭配，此时可以分为两种情况：

①“大”“小”的意义完全相对。

大老板——小老板

大地主——小地主

大官僚——小官僚

大军阀——小军阀

大文豪——小文豪

大买办——小买办

大汉奸——小汉奸

大资本家——小资本家

这些搭配中，“大”表示在一定范围内有影响力的、知名度高的，而“小”则表示知名度相对较低和影响力相对较弱的。

②“大”“小”的意义不一致。

大科学家——小科学家

大能人——小能人

大诗人——小诗人

大坏蛋——小坏蛋

大英雄——小英雄

大掌柜——小掌柜

此时，“大”表示的意义是有影响力的、知名度高的，而“小”则表示年龄小。此外，有些搭配中“小”还可以兼有两种意义，如：

大诗人——小诗人

大医生——小医生

大皇帝——小皇帝

大特务——小特务

这些搭配中的“小”既可以表示知名度低、影响力弱、地位低，也可以表示年龄小。

（2）与“小”所搭配名词的特点。

①既可以与“小”搭配，也可以与“大”搭配的名词，如“小翻译”“小画家”“小作家”“小诗人”“小设计师”“小干部”“小军官”“小英雄”“小师傅”“小商人”“小股东”等。这时“小”所表达的意义正如上面我们介绍的一样，可以表达地位低、知名度低和影响力弱，也可以表示年龄小。

②通常只与“小”搭配的名词有两种情况：一种是这些名词所表示的职业或身份是比较低微的，地位是低下的，往往含有贬义色彩，如“小警察”“小职员”“小学徒”“小木匠”“小长工”“小水手”“小保姆”“小渔民”“小店员”“小战士”“小会计”“小羊倌”“小宫女”等，这些名词同时也包含年龄小的意义。另一种是完全表示年龄小，如“小主人”“小病人”“小婴儿”“小孩子”“小姑娘”“小侄女”“小孙子”[①]“小阿妹”等。

③“小”与表示贬义的名词搭配，表示轻视、蔑视，

---

① “大孙子”可以表示孙子的年龄大，但更侧重于表示对孙子的重视。

如“小混蛋”“小贩子”“小霸王”“小鬼子”“小娘们”“小痞子”“小乞丐”“小婆娘”“小贼”“小杂种”“小头子”“小傻子”“小无赖”“小丫头”等。

2. 表示身体部位类

“大”“小”在与表示身体部位的名词进行搭配时，基本上表示其本义，表示身体某个部位的大或小，也有一些具有引申意义的搭配形式，如“大脖子”“大嘴巴”“小辫子”等，不过这类搭配形式并不是很多。

3. 表示动物植物类

“大”修饰的多为体型较大的兽类，而“小”除了修饰体型较大的兽类外，还常和表示昆虫类、鱼类等名词搭配。就我们统计的结果看，“小”所修饰的动物类名词，从类属上比“大”要多，详见表 2-8、表 2-9。

4. 表示日常生活类

大部分表示日常生活类名词都可以与“大”“小”进行搭配。从词语色彩的角度来看，“大”常与有气势的、豪华的建筑类名词搭配，如“大别墅”“大教堂”“大商场”“大公园”“大宅院”“大瓦房”等，而“小”主要与破旧、简陋的建筑类名词搭配，如“小平房”“小草房”“小店铺”“小杂货店”“小阁楼”“小牛棚”“小窝棚”等。

5. 表示自然环境类

“草原”“戈壁”“山脉”“油田”等范围和规模大的名词常与“大”进行搭配，而“河流”“山沟”“山溪”“浪花”“水滴”“尘粒”“斑点”等细小的物体常与“小”搭配。

上面我们简单描述了“大”和“小”与各类名词搭配的特点，从上述描述中我们得出一些结论，可以此来解释为什么与“小”搭配的名词比与“大”搭配的名词数量多。

（1）从表达意义的范围来看，“小”所涵盖的意义比“大”的范围广。

“‘大’和‘小’的含义具有概括性、复合性的特点。‘大’‘小’除了可以表示事物的空间大小之外，还可以用于年龄、强度、力量、程度、社会地位等方面的评价。”（储泽祥，2004）事实上，通过上述分析我们也可以看出，当与表示职业身份类名词进行搭配时，“大”一般不表示年龄大，而与“小”搭配则多表示年龄小。这样，当表示年龄时，就只与“小”进行搭配，如“小主人”“小婴儿”“小孙子”“小姐妹”等。同时，很多带“小”的搭配中，“小”都含有双重意义，既可以表示影响力弱、社会地位低，也表示年龄小，特别是那些含有贬义的名词，如“小丫头”“小瘪子”“小乞丐”“小杂种”等。

（2）从语义色彩来看，“小”还含有指小、表爱的意义，而“大”则没有这类意义。

指小、表爱是俄语的语法用语。俄语是典型的屈折语，词可以通过自身的屈折变化来表达语法意义或感情色彩。如“мальчик 男孩”——“малыш 小男孩，小家伙”或者“малышка 小小子儿（这个词带有更多的表爱含义）”。汉语是孤立语，当要表达指小、表爱意义的时候一般加“小”。“小孩儿”“小朋友”“小姑娘”这类搭配一方面表示年龄小，另一方面表达了可爱、喜欢的意思。这一点在与动物植物类、日常生活类名词的搭配中表现得十分明显，“小鸭子”“小老鼠”“小松树”“小桌子”“小书包”“小茶杯”等，都可以表现出人们对这些物品的喜爱，而“大”没有这样的作用。值得注意的是，当“小”与含贬义的名词进行搭配时，所表达的感情色彩恰恰相反，如“小乞丐”“小杂种”“小癞子”“小鬼子”等，不表示喜欢，而是表示厌恶、蔑视。

我们从两个方面分析了“小”搭配的名词数量超过与“大”搭配的名词数量的原因。我们也在考虑这样的问题，上一节我们对比表示积极意义和消极意义的语用特征时，把“大”和“小”作为一组进行研究，如果单纯从空间范围的角度来说，“大”和“小”是一对相对的词，但是上述分析也告诉我们，“大”和“小”在使用的时候，意义完全相对的情况并不多，所以在研究反义形容词的时候，对“大”和“小”的问题还需要更细致地分析。

三、“男”和“女”的语用频率特征

男人在社会生活中处于强势地位，凭直觉与“男”搭配的名词应该比“女”多，但是据我们统计，与“女”搭配的名词数量远远超过与“男”搭配的名词数量，因此接下来我们将讨论“男”和“女”的语用频率特征。

“男”和“女”都是非谓形容词，或者是区别词，它们不能作谓语，只能放在名词前面作定语。“男”“女”

在修饰限制名词时表现出了不同的语用特征，这些特征与社会生活密切相关。下面我们对“男”“女”在语料库中的使用情况进行调查和分析。

1.“男”“女”与名词搭配情况

（1）与“男”搭配的名词主要有以下3类。

①职业身份：

～记者、　～法官、　～翻译、　～教师、
～演员、　～主持人、～医助、　～宇航员、
～保育员、～服务员、～管理员、～驾驶员、
～技术员、～飞行员、～运动员、～售货员、
～招待
～作家、　～舞蹈家、～军人、　～老板、
～主人公、～主角、　～学生、　～大学生、
～选手、　～农民、　～社员、　～土匪、
～巫师、　～猿人、　～病人、　～犯人、
～成员、　～劳动力、～汉子、　～孩子、
～青年、　～小子、　～娃儿

②人际关系：

～家长、　～工友、　～同学、　～同胞、
～同志

③服装配饰：

～西裤、　～皮鞋、　～夹克衫、～手套、
～表

（2）与“女”搭配的名词主要可以分为以下5类：

①职业身份：

～大夫、　～导演、　～法官、　～翻译、
～律师、　～编辑、　～记者、　～军医、
～医生、　～设计师、～提琴手、～工程师、
～教师、　～老师、　～教员、　～先生、
～裁判、　～宇航员、～飞行员、～侦察员、
～干警、　～办事员、～报幕员、～播音员、
～电话员、～乘务员、～技术员、～厨师、
～工人、　～青工、　～护士、　～服务员、
～秘书、　～民兵、　～民警、　～模特、
～起重机手、～石匠、～售货员、～司机、
～营业员、～值班员
～科学家、～数学家、～企业家、～革命家、
～政治家、～艺术家、～作家、　～作者、
～作曲家、～剧作家、～画家、　～漫画家、
～版画家、～诗人、　～强人、　～议员、
～党员、　～团员、　～标兵、　～代表、
～模范、　～英雄、　～红军、　～军官、
～军人、　～士兵、　～主持人、～运动员、
～学生、　～研究生、～博士、　～大学生、
～高中生、～中学生、～留学生、～毕业生、
～歌星、　～明星、　～球迷、　～棋手、
～社员、　～选手、　～演员、　～主角、
～主人公、～职工、　～徒工、　～助手、

～青年、　～居民、　～劳动力、～公子、

～孩子、　～弟子、　～猿人、　～皇帝、

～公爵、　～教士、　～经理、　～老板、

～掌柜、　～店主、　～摊主、　～贩子、

～佣人、　～烟民、　～病人、　～犯人、

～光棍、　～流氓、　～难民、　～骗子、

～土匪、　～叛徒、　～贼

②职务：

～总理、　～司令、　～元帅、　～船长、

～县长、　～镇长、　～社长、　～连长、

～处长、　～干部

③人际关系：

～工友、　～伙伴、　～邻居、　～同胞、

～同事、　～同学、　～同志

④服装配饰：

～上衣、　～衫、　～开衫、　～西装、

～裤、　～包、　～布鞋、　～凉鞋、

～旅游鞋、～皮鞋

⑤其他：

～宿舍、　～浴室

（3）“男”“女”语用情况分析。

①从所搭配名词的类别来看，“男”“女”都可以与表示职业身份、人际关系类名词搭配，也可以用在表示服装配饰的名词前面。从整体上看，“男”“女”主要是与

表示职业身份类名词进行搭配，搭配时的情况不尽相同，大致有 3 种：

A. 既可以与“男”搭配，也可以与“女”搭配：男 / 女诗人、男 / 女记者、男 / 女学生、男 / 女运动员、男 / 女技术员、男 / 女飞行员、男 / 女病人、男 / 女犯人等。

B. 通常只与“女”搭配：女英雄、女侦察员、女干警、女革命家、女博士、女护士、女船长、女皇帝、女流氓等。

C. 通常只与“男”搭配：男舞蹈家、男巫师、男医助、男保育员等。

②从所搭配名词的数量来看，与“女”搭配的名词数量远远超过与“男”搭配的名词数量。这也就是说，“男”“女”在语料中的分布是不对称的。从理论上讲，“男”“女”的使用频率大体应该是一致的，而实际上，无论是所搭配名词的数量，还是每组搭配在语料库中出现的频率，“女”均高于“男”，如男 / 女教师（41∶579[①]）、男 / 女售货员（17∶97）、男 / 女运动员（98∶230）、男 / 女犯人（9∶33）等。标记理论可以对这种现象在一定程度上做出解释。沈家煊（1999）认为：“人的认识和推理过程具有单向性和不对称性，总是从典型成员（无标记项）出发认识和推导出非典型成员（有标记项），而不是相反。”所以“民警”“干警”“宇航员”这类职业，

① 此数据表示该搭配在北京大学的现代汉语语料库中出现的频率，下同。

原来主要是男性从事的职业，是无标记的，使用时不用加“男”，如果有女的从事类似职业的话就要加上“女”，变为有标记的。另外，还可以用认知语言学中的原型理论来解释这一现象。“所谓原型理论，就是认为词或概念以原型的方式储存于大脑，同属于一个概念的各个成员的典型性彼此相异，典型性最强者为原型，处于范畴的中心位置，人们以此来鉴别其他成员，其他成员则按其与原型的相似程度处于典型成员附近的某一位置上，最不典型者处于这个概念和其他概念的边界上。”（杨亦鸣等，2001）“英雄”“战士”“将军”“国王”“强盗”“流氓”等角色在社会中通常被看作仅由或通常由男性来充任，其具有原型性特点，这些词前面不用加“男”，如果有女的来充任这些角色的话，需要在前面加上“女”。在封建社会中，女人主要从事家务劳动，社会上的大部分工作主要由男性来承担，所以与工作、职业相关的词语都具有原型性特征，如果女人从事这些职业的话，一般前面要加上“女”。即使随着社会的发展，某一职业已经主要由女人来从事，这种状况还是没有改变，如“女教师”的出现频率远远高于“男教师”。

③从所搭配名词的类别来看，“女”可以与表示官职的名词搭配，而“男”一般不与这类名词搭配。人类社会由母系氏族社会进入父系氏族社会之后，男性由于在社会分工、体力等方面占有优势，迅速成为社会的主宰，女人只能依附于男人，在政治上毫无地位可言，一定时期所有

官职均由男性担任。随着社会的发展、人类的进步，女性的社会地位逐渐提高，女人开始担任一些官职，这些官职前面一般要加上“女”。这种情况是社会制度、社会生活在语言层面上的反映，“是社会上根深蒂固的‘男性中心’的认识倾向的体现”（张敏，1998）。

④“女＋褒义词”的使用频率大大高于“女＋贬义词”。与“女”搭配的褒义词、贬义词出现的次数见表 2-10。

表 2-10　与“女”搭配的褒义词、贬义词出现的次数

褒义词	次数	贬义词	次数
女英雄	295	女贼	21
女强人	217	女流氓	19
女企业家	160	女光棍	16
女画家	155	女叛徒	8
女明星	154	女骗子	8
女科学家	62	女贩子	2
女艺术家	44	女土匪	2

表 2-10 的数据显示出，“女＋褒义词”与“女＋贬义词”在使用频率上存在极大的差异。从这一点也可以看出，女性社会地位的提高。女性在各行业中发挥的积极作用逐渐被社会肯定，相应称谓的出现频率也大大提高。当然，名词本身出现的频率高低对搭配形式的出现频率也会

有一定的影响，但不会使结果产生质的变化。

表 2-10 中的“女强人”是一个比较特殊的搭配形式，它的色彩意义随着时代的变化而改变，从这种变化中也可以看出女性社会地位的提高。“强人”在古代汉语中是指强盗，在现代汉语中指在某方面很有能力的人，多指男性，是个褒义词。“女强人”是指改革开放之后成长起来的知识女性，她们工作努力、做事认真、勤奋刻苦，在事业上可以独当一面。同时，她们也被认为是缺乏生活情趣、没有家庭观念的“工作狂”。这时，“女强人”是一个具有贬义色彩的词语。随着时代的进步，“女强人”的能力和实力越来越为人们所认可，她们在社会中所起的作用也越来越大，“女强人”这一搭配形式也逐渐从贬义转为褒义。

⑤从男、女所搭配名词的类别来看，有“女宿舍”“女浴室”，而没有出现相应的“男宿舍”“男浴室”。我们在北京大学的现代汉语语料库中对这类搭配进行了统计，“女宿舍”“女浴室”等搭配出现的频率确实大大高于“男宿舍”“男浴室”，与服装配饰类名词搭配的形式也是这种情况，“女皮鞋”“女上衣”“女包”的出现频率远远高于“男皮鞋”“男上衣”“男包”。另外，一些单纯表示男、女性别的搭配，男/女孩子（2,475：4,370[①]）、男/女主人

① 此数据为该搭配形式在北京大学的现代汉语语料库中出现的频率。

公（129∶469）、男/女主角（336∶623）、男/女病人（13∶73）等，使用频率也大不一样。从社会语言学的角度来分析，这可以表明社会对男、女的关注度并不一致，这种关注度表现在不同方面：其一，女性是商业消费的主要群体，针对女性的服装类商品特别丰富，商业广告中也多以女明星作为代言人，娱乐活动中女性一直处于核心地位，同一部电影中有关女主角的报道也往往多于男主角；其二，女性在社会中是弱势群体，社会呼吁保护妇女儿童的权益，对失学的女学生、女孩子也予以特别的关注；其三，“女浴室”“女宿舍”“女卫生间”等隐私性的场所具有一定的神秘性，可能引起某些人的关注。此外，男、女体质上的差异和生活习惯、兴趣爱好等的不同也是使与男、女搭配的形式使用频率不一的原因。

⑥有些多由女性来担任的职位或只由女性来担任的职位，如“秘书”“售货员”“播音员”“乘务员”“护士”“保姆”“佣人”等，也常常与“女”搭配在一起使用，而且在语料中出现的频率比较高。在现实生活中，“秘书”“护士”“保姆”一般都是女的，使用时可以不用再加“女”，可“女秘书”在语料中出现了264次，“女护士”出现了143次。我们在统计语料时发现，有时这些表示职务身份的名词前面加上“女”，起强调作用，但对于绝大多数情况却无法找到合理的解释。为什么会产生这样的情况，有待我们进一步去探究。

第四节　本章小结

本章从搭配能力、语义特征和语用特征等3个方面对单音节形容词与名词搭配的情况进行了探讨。

首先，本章以词项为单位，在大型语料库中对单音节形容词与名词的搭配能力进行了调查，结果发现，可以与名词搭配的单音节形容词占60%。这些形容词所搭配名词的数量存在很大的差异，其中有一半只能与10个以内的名词进行搭配，而且还有很多搭配形式只有在特定的语境中才能出现。我们根据单音节形容词与名词搭配的能力将单音节形容词分为“高自由度”“低自由度”和“无自由度”3类。

其次，语义方面，经过调查我们发现，单音节形容词所搭配的名词具有“义类”的特点，所搭配名词的分类情况与形容词的意义有直接的关系。教师可以根据学生头脑中已有的心理词典，有效地利用形容词所搭配名词的“义类”特点，合理地进行教学。此外，可与名词进行搭配的单音节形容词词项以本义或基本义为主。形容词与名词搭配时语义上还具有选择性和限制性等特点。

最后，语用方面，本章从搭配的角度进一步证实了以往学者的研究结果——在人们的交际中，表示积极意义的词语比消极意义的词语更为常用。在研究中我们还发现了一对比较特殊的反义形容词“大”“小”。与“小”搭配的名词数量远远多于与“大”搭配的名词数量。本章在详细描述了“大”“小”与名词搭配的情况之后，从语义范围、语义色彩两个方面解释了产生这种现象的原因。本章最后具体描述并分析了区别词“男”“女”与名词搭配的情况。与“女”搭配的名词数量大大多于与“男”搭配的名词数量，我们用标记理论和原型理论对这种现象产生的原因进行了解释。

第三章 单音节形容词与名词搭配变化研究

前文我们谈到，在研究某一问题时，学者们选取不同的语料进行统计，得出了不同的结论。那么，不同语料对研究是否会产生决定性的影响？形名搭配在不同语料中的使用频率和所搭配名词的数量是否会有变化，产生这些变化的原因是什么？为了对这些问题有一个大致的了解，本章采用举例的方法，对形名搭配在国家语委的语料库中的不同性质、不同时间段语料中的变化情况进行调查。

第一节 不同性质语料中形名搭配的变化

一、不同性质语料中形名搭配情况的调查

国家语委的语料库所收集的语料主要分为3类：人文与社会科学类（政治、历史、社会、经济、艺术、文学、军事、生活等）、自然科学类（数学、物理、生物、化学、天文地理、海洋气象、农林牧副、医药卫生、工业、交通、电子通信、能源材料、环保等）以及综合类（行政公文、

章程法规、司法文书、商业广告、礼仪辞令、实用文书、报纸等）。语料库支持在不同性质的语料中进行检索。

测查的方法有两种：一种是在3类不同性质的语料中，对所有单音节形容词与名词搭配的情况分别进行统计，最后计算统计结果，求出平均值，得出相应的结论；另一种是抽取具有代表性的词项进行统计分析。前一种方法更科学、更准确，但需要进行大量的统计工作，后一种是举例性的，虽然不如前一种方法科学、准确，但也可以从侧面反映一些实际情况。限于笔者的时间和精力，我们采取第二种方法进行测查。

形容词“黑”有4个词项[①]，其中“$黑^{甲}_{1}$”“$黑^{甲}_{2}$”是中性词，而“$黑^{甲}_{3}$”“$黑^{甲}_{4}$”含贬义。我们在上述3类语料中，对这4个词项与名词搭配的情况进行了统计，结果见表3-1和图3-1：

① 我们之所以选择“黑”作为研究对象，是因为这个形容词具有4个词项，可以进行比较，并且这4个词项具有不同的感情色彩，有代表性。

表 3-1　不同性质语料中“黑”所搭配名词的分布情况

	黑$_{1}^{甲}$ 与人的服饰、容貌和动物、植物等搭配，表示黑色	黑$_{2}^{甲}$ 与地方、环境等搭配表示黑暗的	黑$_{3}^{甲}$ 与人、文章等搭配表示不好的、反动的	黑$_{4}^{甲}$ 与人搭配表示狠毒的	其他意义
人文与社会科学类	72.5%	12.0%	4.5%	3.2%	7.8%
自然科学类	92.5%	2.3%	1.6%	1.0%	2.6%
综合类	56.5%	3.5%	31.4%	7.1%	1.5%

注：表中数据是所搭配名词的比例，而不是名词的具体数量，因为3种性质的语料在总体数量上存在很大的差异，以比例的方式显示数据更科学、更直观。

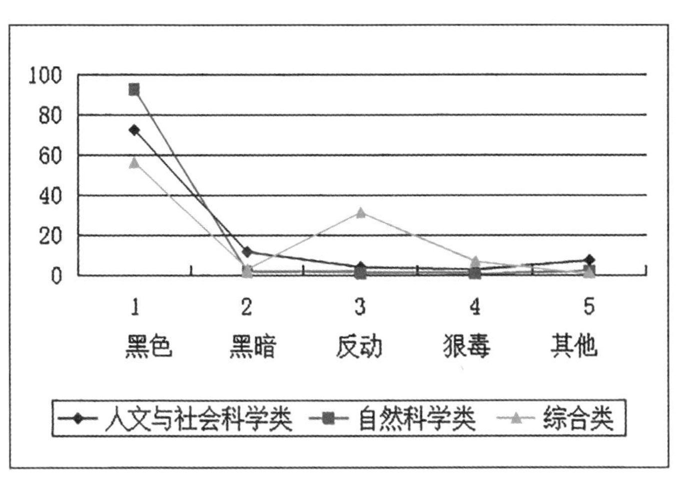

图 3-1　与“黑”搭配的名词在不同性质语料中的出现频率

二、不同性质语料中形名搭配情况的分析

（1）表 3-1 中的数据显示，在 3 类语料中，与“黑$^{甲}_{1}$”进行搭配的名词数量是最多的，尤其在自然科学类语料中，占“黑”所搭配名词总数的 92.5%。从整体上看，无论在人文与社会科学类、自然科学类还是综合类语料中，表示颜色意义的“黑”所搭配名词的数量都是最多的。这也再一次证明，在形名搭配中，与本义或基本义进行搭配的名词数量是最多的。在 3 种不同性质的语料中，与某一个形容词词项进行搭配的名词数量并不相同，如与“黑$^{甲}_{2}$”进行搭配的名词，在人文与社会科学类语料中占全部与“黑”搭配名词的 12.0%，在自然科学类语料中占 2.3%，在综合类语料中占 3.5%。这也就是说，与某个形容词词项进行搭配的名词数量与语料的性质有关。

（2）从图 3-1 我们可以很直观地看到，4 个词项均可以与名词进行搭配，但是所搭配名词的数量并不一致。在自然科学类语料中，与“黑$^{甲}_{1}$”搭配的名词数量最多，这说明在这类语料中出现的“黑”基本都表示颜色意义，与含有贬义的“黑$^{甲}_{3}$”“黑$^{甲}_{4}$”搭配的名词数量极少。而在综合类语料中，“黑$^{甲}_{3}$”所搭配名词的数量达 31.4%。这是因为，自然科学类语料主要是由物理、化学、天文地理、医药卫生、能源材料等方面的语料组成，语言的科学性较强，以中性词为主，而综合类语料涉及行政、司法、治安、法规等，在这类语料中含贬义的词的比例大大增加。褒义词和贬义词在搭配中具有方向性，就是说褒义词多与褒义

词或中性词搭配，而贬义词多与贬义词或中性词搭配。（郭先珍、王玲玲，1991）所以，这类语料中与表示不好的、反动的、狠毒等意义的“黑$^{甲}_{3}$”“黑$^{甲}_{4}$”进行搭配的名词数量大大增加。相比较而言，人文与社会科学类语料中，4个词项所搭配名词的数量比较均衡。

（3）从语义上来看，4个词项所搭配的名词也有所不同。与“黑$^{甲}_{1}$”搭配的名词多表示动物、植物以及人的容貌、服饰等，如“黑大汉”“黑小子”“黑老头”“黑胖子”“黑蚂蚁”“黑蝴蝶”“黑芥菜”“黑葡萄”“黑森林”“黑眉毛”“黑眼睛”“黑衬衣”“黑帽子”“黑西服”等；与“黑$^{甲}_{2}$”搭配的名词基本表示地方、环境，如“黑房间”“黑屋子”“黑角落”“黑门洞”“黑窗口”“黑洞”“黑屋子”“黑窟窿”等；“黑$^{甲}_{3}$”主要与表示人的名词搭配，如“黑孩子”“黑作家”等，也可与“文章、信、笔杆、标语”等名词搭配；“黑$^{甲}_{4}$”表示狠毒的、坏的，因此一般与表示人的名词搭配，如“黑老总”“黑律师”“黑商人”等。

从上面的统计与分析我们可以看出，形容词所搭配名词数量的多少与语料的性质有直接的关系，不同性质的语料对形容词与名词的搭配是有影响的。由此可以看出，在进行语言研究时，如何选择语料是一个非常关键的问题，不同性质的语料会产生不同的结果。语料库中的语料分布比较均衡，运用语料库进行研究是非常便利而科学的。

这一结论也提示我们，在编写教材和课堂教学过程中，要注重材料的选择，要根据学生的水平和课程类型选择合适的教学内容。初、中级阶段教学应多选用人文与社会科学类材料，高级阶段应该增加涉及行政、司法、治安、法规等的综合类材料。报刊课、影视课等高年级课程应适当增加综合类材料。

第二节　不同时间段语料中形名搭配的变化

一、不同时间段语料中形名搭配情况的调查

国家语委的语料库收集的语料时间跨度比较大，从1919年到1992年，有近80年的时间。不同时间段的语料中，同一搭配形式的出现频率是否有变化，如果有变化，产生这种变化的原因是什么？为了了解这些情况，我们以“大$^{甲}_{1}$”为例进行统计分析。

在我们统计的词项中，有7个词项所搭配的名词数量超过100个，“大$^{甲}_{1}$”是其中之一。在100多个可与“大$^{甲}_{1}$”进行搭配的名词中，我们进行了抽样，选取了10个名词进行研究。在选取这些名词时遵循了以下原则：首先，选取与“大$^{甲}_{1}$”共现频率高的名词；其次，“大$^{甲}_{1}$”的意义比较宽泛，可以表示体积、面积、数量、力量、强度、程度等不同方面超过一般，我们根据其主要意义，选取相应的名词；最后，我们也注意到了词语色彩的问题。最终确定了10个搭配：大眼睛、大城市、大企业、大草原、大变化、大成绩、大问题、大老板、大地主、大资本家。

国家语委语料库中，含有“大”的语料共有两万余条，语料的时间跨度为1919—1992年。我们将1919—1989年共70年的语料，按照10年一段分为7个时间段。在这7个时间段中，这10个搭配的分布情况见表3-2：

表 3-2　不同时间段中词语搭配分布情况

	大眼睛	大城市	大企业	大草原	大变化	大成绩	大问题	大老板	大地主	大资本家
总次数	102	115	37	19	42	25	57	13	73	25
1919—1929年	0	0	0	0	0	0	0	0	0	0
1930—1939年	4	0	0	1	0	0	2	2	11	0
1940—1949年	4	3	0	0	2	0	0	1	10	0
1950—1959年	4	14	3	1	3	2	8	0	7	0
1960—1969年	6	5	0	4	4	1	2	0	12	7
1970—1979年	20	5	0	2	3	2	6	1	5	1
1980—1989年	64	88	34	11	30	20	39	9	28	17

表3-2中的数据显示，这10个搭配都集中分布在1980—1989年这个时间段内，为了对这些搭配的分布情况有更深入的了解，我们以“年”为单位对这个阶段语料的分布情况再次进行了统计。国家语委语料库中的语料截止到1992年，1992年之前的20年是这10个搭配出现频

率较高的时间段。因此，我们把时间确定为1973—1992年，统计结果见表3-3：

表 3-3　1973－1992年词语搭配分布情况

	大眼睛	大城市	大企业	大草原	大变化	大成绩	大问题	大老板	大地主	大资本家
总次数	97	142	70	16	45	29	51	15	37	25
1973年	0	1	0	0	2	0	0	0	0	0
1974年	0	0	0	0	0	0	1	0	0	0
1975年	3	0	0	0	0	0	1	0	1	0
1976年	2	0	0	0	0	0	1	0	3	0
1977年	1	0	0	0	0	0	0	0	0	0
1978年	4	2	0	1	1	1	0	0	0	0
1979年	9	4	0	1	0	1	1	1	1	1
1980年	7	4	0	1	6	2	1	2	0	1
1981年	8	4	4	0	2	2	6	1	2	7
1982年	7	4	1	0	1	2	1	0	2	0
1983年	10	14	1	1	2	3	2	1	1	0
1984年	4	5	7	4	2	1	11	1	6	2
1985年	6	9	6	0	2	0	5	1	3	0
1986年	4	4	3	1	2	0	1	1	5	1
1987年	7	20	5	2	5	7	4	0	3	0
1988年	5	14	4	1	1	1	3	1	2	4
1989年	6	10	3	1	7	2	5	1	4	2
1990年	7	4	0	0	0	1	3	2	1	0
1991年	5	13	26	1	4	3	4	0	1	2
1992年	2	30	10	2	8	3	1	3	2	5

二、不同时间段语料中形名搭配情况的分析

我们对10个搭配在不同时间段中的分布情况进行了描述，下面我们根据统计表中的数据做进一步的分析。

1. 词语共现频率存在较大差异

无论是在表3-2中还是在表3-3中，这10个搭配出现的总次数差别都十分明显。这说明，虽然这些名词都可以与“大$_{1}^{甲}$”共现，但是共现频率是不一样的。“大城市”和“大老板”在两个表中分别是出现频率最高和最低的搭配形式，它们出现的次数相差非常悬殊。依据频率原则，像“大城市”这样出现频率比较高的搭配是首先应该学习的。在实际教学中，人们非常注重词频、字频的问题，学者们从不同的角度对词频、字频进行了研究，并指出了频率原则在汉字、词汇教学中的重要作用（徐彩华、张必隐，2004；高兵、高峰强，2005），对于如何利用频率原则合理地安排字词教学提出了很好的建议，而对于词语搭配的频率问题学者们却较少涉及。上面两个表中的数据显示，词语搭配也涉及频率的问题，出现频率高的搭配形式应该是教学的重点。

2. 词语搭配分布不均衡

一般情况下各个时间段中同一搭配的出现频率应该是均衡的，或者是比较均衡的，但上面的统计数据显示，这10个搭配在1980—1989年这个时间段中的出现频率最高，而在1919—1929年这个时间段则完全没有

出现[①]。另外，从分布的情况来看，“大眼睛”“大城市”“大地主”在不同时间段的语料中的分布相对比较平衡，而其他搭配形式都相对集中地出现在20世纪80年代这个时间段中。语言是社会发展和变化的一面镜子。随着社会的发展，新事物、新概念、新思想层出不穷，人们的思维也越来越细致、越复杂，与之相适应，新词不断增加，词义不断丰富，旧词渐渐消亡。词语的使用频率可以非常直观地反映出这种变化，其中包括词语搭配使用频率的变化。这些集中出现在20世纪80年代的搭配，体现了改革开放之初社会生活的变化。当时，我国大力提倡发展经济，人们纷纷从农村到“大城市”寻求发展机会，“大企业”逐渐增加，很多方面出现了“大变化”，同时一些“大问题”也相继产生，特别是1991、1992年两年“大城市”“大企业”的出现频率非常高。“大地主”的情况正好相反，

① 在1919—1929年这10年的时间里，这10个搭配都没有出现，我们马上想到的是语料库中的语料是否均衡。靳光瑾等（2005）在《现代汉语语料库建设及深加工》一文中指出，国家语委的语料库是一个国家级的大型通用语料库，这个语料库中的语料“抽样合理、分布均匀、比例适当，能够科学地反映现代汉语全貌”。该语料库在选材方面是比较科学、合理的，选取语料时，在数量、性质、时间等方面都有严格的标准。我们再次确认，从语料库中提取的两万余条含“大”的语料，时间跨度确为1919—1992年。无论从理论还是从实际情况来看，语料库中的语料不均衡这一因素基本可以排除。

20 世纪 80 年代以前，“大地主”的出现频率非常高，分布也相对比较均衡。从总体数量上看，20 世纪 20—90 年代出现总次数为 73 次，而从 1973 到 1992 年出现的次数为 37 次，这说明该搭配主要出现在 20 世纪 70 年代以前的语料中。随着社会的不断变化，这个搭配逐渐淡出了人们的生活，在 1991、1992 年的语料中只出现了一两次。

3. 部分搭配分布相对均衡

有一部分不具时代特点和感情色彩的搭配，如“大眼睛”“大草原”等，在每个时间段的语料中的分布相对比较均衡。在 1973—1992 年这 20 年时间内，“大眼睛”的出现次数基本在 4 ～ 7 次，而“大草原”出现的次数大部分为 1 ～ 2 次。它们之间的主要区别是，“大眼睛”出现的次数较多，而“大草原”出现的次数较少。从这两个例子我们可以推论出，部分不具有感情色彩的词语搭配，在不同时间段的语料中分布相对均衡，变化幅度不大。不同搭配出现的频率有高低之分，但从总体上看，这些搭配的出现频率都不太高。

4. “$大^{甲}_{1}$”的不同意义出现的频率有差异

“大眼睛”“大城市”“大企业”“大草原”中的“大”表示规模、面积，修饰的名词多为具体名词；“大变化”“大成绩”“大问题”中的“大”表示程度、幅度，修饰的名词多为抽象名词；“大老板”“大地主”“大资本家”中的“大”表示在更高的级别，修饰的名词一般表示人物的身份。从意义上看，这 3 类“大”的区别十分明显；从使用频率上看，在表 3-2 中，这 3 类“大”出现的比例为 273∶124∶111，第一类出现频率最高，而与表示人的名词搭配的“大”出现频率最低。在《现代汉语词典》中，表示这些意义的“大”属于同一个义项，而实际情况中，无论是意义还是所搭配的名词，或是出现频率，都有很大的区别。所以在实际教学中，教师应该根据具体情况，将“大”按照不同的意义进行分类，这样教学效果能更显著。

从上面的统计数据我们可以看出，同一词语搭配在不同时间段的语料中出现的频率是不一致的，分布也不均衡。随着时间的推移，有些搭配出现的频率越来越高，有些则越来越低，部分搭配在某个时间段内的出现频率会大幅提高，反之亦然。社会生活的发展变化、人类思维方式的改变等因素是产生这种状况的主要原因。同时，也有部分搭配在各时间段的语料中的分布相对均衡，变化不大，这也显示出语言稳定性的一面。

第三节　形名搭配中的超常搭配

一、超常搭配的定义

亚里士多德认为：“给平常的语言赋予不平常的气氛，这是很好的，人们喜欢被不平常的东西所打动。”（转引自刘明志，2006）词语的超常搭配就是这种具有“不平常的气氛”的语言。语言是一种传递信息的符号系统。

语言符号具有线性特点，一句话就是一个线性语流。人们在使用语言时不仅要求与自然现实相符合，符合语法规则，符合语义关系、逻辑关系，往往还要求表达鲜明、生动、形象，这样，在特定的语言环境中就出现了超常搭配的现象。“超常搭配是搭配项在语言线条上的特殊组合，言语表达者正是通过这种特殊组合寻求最佳表达效果的。在超常搭配里包容了与自身相对应的正常搭配的语义内容，即强化了正常搭配的语义内容，而在表达效果上比正常搭配要好得多。”（冯广艺，1992）这种搭配形式也是“语言表达者在对语言运用的规律有了清楚的认识的情况下，为使表达效果更生动而故意越格的一种言语变异手段”（孔伶俐，1999）。它的“作用在于拉大所指和能指、情和理的距离，它表层是悖理、用词不当、句子不完整，但它深层却有特殊的含义，是有意味的言语形式”（冯广艺，1993）。从修辞学的角度来说，词语的超常搭配是一种修辞手段，是作者刻意追求独特审美效果的产物。我们平时在阅读文章，尤其是文学类的文章时，经常会遇到一些包含超常搭配的句子，例如：

①这件事情永远咬着我的心。（《三个男人和一个女人》）

②她的一双脚也在那死寂的蓝影子里。（《中国新文学大系》）

③她的笑不那么稀薄不那么别扭了，眉宇间流过一股活泼。（《人民文学》）

④海浪在亲吻着礁石，阳光在爱抚着大树。(《遥远的岛》)

⑤在断崖和峭壁上，往往堆积着好几吨重的雪帽子。(《中国科学小品选》)

上面这些例句让我们感受到，词语的超常搭配是一种变异的言语艺术，它可以将人不同的感觉巧妙地结合起来，使所要表达的事物更加活泼、生动，更具感染力，大大增强了表达效果。

我们在统计语料时也遇到了一些单音节形容词与名词的超常搭配形式，其中以颜色词与名词的搭配最为常见，例如“绿”：

①水底下浮动的竟是蓬松整齐的绿头发，难道是美人鱼就躺在这下面？(《收获》)

②远远望去，一连串绿馒头放置在地面上。(《宇宙风》)

③联想到阳光在绿叶上波动，林海涨起一片绿潮……(《海鸥》)

④车在云山树海行，似在万顷绿海中游弋！(《三江风情》)

⑤四周发出刺眼的寒光，但远望河谷里的树林，却弥漫着绿烟。(《收获》)

⑥这样火红的杜鹃便在绿雾中如血花一样地浮现出来了。(《山》，现代书局)，1933

⑦等你一步步踏入绿云的时候，有时遇见断崖千尺

迎面崛起。(《宇宙风》)

此外，在语料中，我们还发现了一个比较特殊的名词——雾，其常与单音节形容词组成超常搭配形式，例如：

①那涌进海湾的咸咸的雾，……那荒凉起伏的山丘，那……(《酋长营》，1987 中篇小说选（2）(总 2 册)；[编著者]：阎纲 等；[出版社]：人民文学出版社)

②空明的翠绿的颜色十分浓郁，像一片翠雾笼罩。(《绘画与中国文化》)

③月亮又不见了，很厚很厚像有实体似的黑暗粘雾之中……(《达夫游记》)

④一阵阵的冷风，一块块浓雾，尽从黑暗里扑上我们的身来。(《达夫游记》)

⑤我的眼睛都变凉了，突突地冒着冷雾，眼前模糊起来。(《海火》)

⑥这充塞于天地间的是暗雾吗？(《文季月刊》)

二、超常搭配的特点

词语的超常搭配丰富了语言形式，表达了作者的情感，增强了修辞效果，是一种非常必要而有效的语言表达形式，它的点缀使整篇文章更富感染力。它不仅在语义上能够表达出正常搭配形式所表达不出的超常意义，使语言表达更加生动、形象、准确、清晰，还可以给人一种新颖、奇特、幽默的感觉。除了这一主要的特点之外，在使用中超常搭配还具有下列特点。

1. 偶然性和临时性

偶然性和临时性是超常搭配最重要的特点之一。这里所说的“偶然性”并不是临时的一个错误造成的，而是作者刻意制造的偶然，是追求突出表达效果的一种偶然，这种偶然具有临时性的特点。一般情况下，一个超常的词语搭配形式只会出现在同一篇文章中，即便是同一位作者也不会把相同的超常搭配形式反复地运用在不同文章之中。上述例句中的超常搭配形式在语料中一般只出现一次，或只在同一篇文章中多次出现。

2. 语体的选择性

冯广艺（1992）在3种基本语体（科学语体、谈话语体、艺术语体）各20万字的语料中对超常词语搭配形式出现的情况进行了统计。统计结果显示，科学语体中的超常搭配为0个，谈话语体中的超常搭配为35个，艺术语体中的超常搭配为400个。由此我们可以看出，超常搭配具有语体的选择性的特点，它是艺术语体的言语特征之一。在艺术语体里，诗歌中的超常搭配数量又远远高于其他题材中的超常搭配。文学作品中的超常搭配还具有个人特点，鲁迅、钱锺书等著名文学家及一些现代诗人都非常喜欢在自己的作品中使用超常的词语搭配形式，这些超常搭配形式也渐渐成为他们作品的一种风格。在我们统计的语料中，超常搭配形式也主要出现在文学类作品中，科技类、政法类语料中基本没有发现。

3. 语境的依存性

根据超常搭配的定义我们可以知道，超常搭配是特定环境中的语言表达形式。它要在一定的语言环境中才能出现，对语境有非常强的依存性。一些带有超常搭配的句子一旦离开了上下文将不能展现出应有的效果，不易让人理解，甚至还可能造成误解。例如：

四方脸，大眼睛，黄眉毛，绿面孔，浑身上下干干净净，漂漂亮亮。(《铁马飞奔》)

初看这个句子，我们会以为这是在描写一个人，但是“绿面孔”又很难让人理解，人的脸为什么会是绿色的，而绿色的脸是在描写人很生气的时候才偶尔会被使用（他的脸气得发绿），不会描写一个干干净净、漂漂亮亮的人。通过上下文我们了解到，此句前还有半句——“这批新式火车的长相”。看完这个完整的句子我们就会理解，这是在描写新式的火车，而不是人。

由于超常搭配对语境具有较强的依存性，所以这些搭配形式一般不能离开上下文的语言环境而独立存在。我们在汉语教学中，也要尽量避免使用带有超常搭配的句子做例句，以免造成误解。

4. 内在的联系性

超常搭配并不是随意把两个毫无关系的词语搭配在一起，它们能够组合在一起的原因是词语之间存在着深层的语义关系。例如：

月亮又不见了，很厚很厚像有实体似的黑暗粘雾之

中……《达夫游记》

“雾”比较大或比较重的时候，一般用“浓”来形容，而这里用了一个“粘”，非常形象地刻画出当时环境中的“浓雾”给人带来的心理上的感觉。

5. 修辞上的隐喻性

戴连云（2005）将超常词语搭配的修辞功能分为“矛盾修饰法”“移就”“通感”“轭式搭配”“话语反讽”和“隐喻”等形式，其中隐喻的修辞形式是较为常见的。上文例句中的“绿头发”“绿馒头”“绿潮”“绿海”“绿雾”“绿云”等搭配不符合常理，一般情况下，“头发”“馒头”“潮”“海”“雾”“云”等都不是绿色的，它们与“绿”组成超常搭配后，通过字面意义和语境构成冲突而获得了一定的隐喻性。

隐喻是认知语义学主要的内容之一。最早提出这一概念的是理查兹，他认为隐喻是人类“语言无所不在的原理”，它是人类将其中某一领域的经验用来说明或理解另一领域的一种认知活动。（束定芳，1998）人在认识事物时，首先认识的是最容易感知的、直观的、具体的事物，然后通过联想，把已知的事物与一些新认识的、抽象的概念联系起来，进而找到它们的相关之处，这样就产生了两个认知领域之间的映射，由此产生了新的认识。如“绿头发”是指水下浮动的水草，头发是人身体上的一部分，很容易被人认知和理解，而水下浮动的水草具有同头发一样绵长柔软、可以飘动等的特征，而水草是绿色的，所以用

“绿头发”来隐喻“绿水草”，非常形象。“绿馒头”是指披满绿色植物的山丘。“馒头”是人们熟知的食物，从远处看绿色的山丘就像是一个个绿色的馒头。这种隐喻的表达方式既形象生动，又自然朴实。同理，“绿潮”“绿海”是指大片的绿色树林；“绿烟”“绿雾”“绿云”等都是形容树林中的轻雾。

第四节　本章小结

本章以举例的形式对形名搭配在不同性质、不同时间段的语料中的分布情况进行了统计分析，并对词语的超常搭配进行了简单的介绍。

首先，在人文与社会科学类、自然科学类、综合类等3类语料中，不同意义的“黑”所搭配的名词数量是不同的。在3类语料中，与表示颜色意义的“黑”进行搭配的名词数量都是最多的。在综合类语料中，与表示“不好的、反动的”意义的“黑”进行搭配的名词数量明显增多，而在自然科学类语料中，与表示颜色意义“黑”搭配的名词数量占绝对的优势。这说明语料的性质对形容词所搭配名词的数量有一定的影响，也就是说，同一形容词在不同性质的语料中所搭配名词的数量是不同的。在教材编写和课堂教学中，要根据学生的水平和课程的性质选择合适的教学内容。

其次，我们根据一定的条件选取了10个带“大”的搭配，并对它们在不同时间段和时间点上的分布情况进行了统计分析。结果显示，从整体上看，这些搭配呈现出一种极不均衡的分布状态，大多数搭配都集中出现在20世纪80—90年代，出现的频率也有较大的差异。这种情况与社会生活的变化、人们认识事物的思维变化等因素有关。词语搭配形式也具有时效性，在词典编纂时，要选择那些稳定性较强、使用频率较高的搭配形式作为例证。

最后，词语的超常搭配是语言的使用者为了增强表达效果而故意超越常规采取的一种言语变异手段。在我们统计的语料中也出现了一些单音节形容词与名词的超常搭配形式，其中比较常见的是形容词“绿”和名词“雾”。我们以这些超常搭配形式为基础，简单分析了超常搭配的特点。词语的超常搭配是一种具有偶然性、临时性特点的搭配形式，其是一种修辞方法，在实际教学中要尽量避免使用这种表达方式。如果高年级教材中出现了超常搭配形式，教师应该予以特别说明，要使学生了解超常搭配的特殊含义。

第四章　单音节形容词与名词搭配应用研究

词汇教学是对外汉语教学的重点，词语搭配是词汇教学中非常重要的一部分。本书对形名搭配进行研究的目的是将研究成果运用到实际教学中。为了较为全面地了解目前对外汉语教学中形名搭配的情况，我们对 5 部词典和 12 套教材进行了考察。

第一节　对外汉语词典中形名搭配情况考察

一、对外汉语词典的基本特征

在语言学习中词典的作用是不容忽视的，它可以为学习者阐明词义、说明用法，进而丰富学习者的词汇。“一部好的词典就像是一位循循善诱的老师，学习语言离不开词典”。（林焘，1997）为了适应对外汉语教学事业的迅速发展，满足汉语学习者的需求，最近十几年相当数量的对外汉语教学词典相继问世。与一般的语文类词典相比，这些词典在编排体例、所收词语、整体结构等方面具有下述基本特征。

其一，对外汉语词典是专门为母语为非汉语学习者而编写的。这类词典不仅适合外国人学习汉语，也适合国内少数民族的汉语教学。同时，作为工具书，对外汉语词典对从事对外汉语教学的教师以及母语为汉语的中小学生也具有直接的参考价值。

其二，对外汉语词典的收词数量相对固定。各语文词典在收词数量上存在较大差异，少则几千，多则几万，甚至十几万，而对外汉语词典的收词数量相对比较固定，所收词语基本以《词汇大纲》为标准。《词汇大纲》是国家对外汉语教学领导小组办公室汉语水平考试部专门为对外汉语教学而编写的。大纲共计收词 8,822 个，分为甲级词（1,033 个）、乙级词（2,018 个）、丙级词（2,202 个）、丁级词（3,569 个）4 个等级。我们对近 20 多年来出版的 5 部比较有影响力、有代表性的对外汉语词典的收词情况进行了考察，详见表 4-1：

表 4-1　5部对外汉语词典收词情况统计

	编者	出版时间	收词情况
《汉语常用词用法词典》	李晓琪等	1997年	全部甲级词、乙级词和大部分丙级词、部分丁级词
《汉语8,000词词典》	北京语言文化大学汉语水平考试中心	2000年	全部甲、乙、丙、丁4级词
《HSK汉语水平考试词典》	邵敬敏	2000年	全部甲、乙、丙、丁4级词

续表

	编者	出版时间	收词情况
《当代汉语学习词典（初级本）》	徐玉敏	2005年	*全部甲、乙级词，共4,337个条目
《学汉语用例词典》	刘川平	2005年	大部分甲、乙、丙、丁级词，另补充了部分词语，共10,000余条

注："*"该词典按照词的义项进行编排，所以条目总数超出了甲、乙级词数的总和。

其三，对外汉语词典释义元语言的简单化和规范化。释义元语言是"用来解释词典所收词语定义的语言""是事实语言中的一部分，是其中通用、高频、中性的那一部分"（苏新春，2005）。对外汉语词典的编纂者普遍重视释义元语言的运用，尽量将其简单化、规范化。该类词典的前言或说明中均明确指出，释义尽量简明、通俗，词典中所用的释义元语言和所举示例的用词均不超出所收词语的范围，并且在讲解过程中尽量减少语法术语的使用。《HSK 汉语水平考试词典》还指出释义和举例的用字也尽可能限制在 2,095 个常用字之内。对外汉语词典的编纂者非常重视释义元语言的简单化和规范化，这对编写出合理、实用的对外汉语词典起到了非常重要的作用。

其四，对外汉语词典重视相关知识的介绍。大部分对外汉语词典都给出了词语的性质、级别、搭配形式及相应的例句，有些词典还提供了反义词、近义词、词语的辨析、词语的色彩、词语的结构、逆序常用词、繁体字、异体字等相关信息。为了扩大词汇量，《汉语常用词用法词典》《HSK 汉语水平考试词典》等还在词语的释义之后补充了相关词语。

大部分词典后面都有附录部分，这部分主要包括两方面内容：一是汉语知识，如《汉语拼音方案》《简化字总表》和"汉字笔画名称表""汉字偏旁名称表""常用标点符号用法简表""汉字间架结构表"等；二是文化知识，如"中国各省（自治区）、省会（自治区首府）、直辖市一览表""中国民族简表""中国主要节日表"等。这些知识是词典正文内容的良好的补充。

其五，对外汉语词典编排体例各异。在编排体例上，词典的编纂者们费尽心思，努力彰显对外汉语的特色，每部对外汉语词典除了上述共同特征之外又各具特色。如《汉语 8,000 词词典》这部典型的对外汉语词典除了为词语标注了拼音、词性外，还标注了部首、笔画、近义词、构词等信息。为部分多义词的不同义项标注等级是该词典的一大特色，这可以使学生了解一个词的不同义项的使用情况，学生可以根据自己的水平选择性地记忆或运用不同级别的义项。同时，这为以词的义项为单位进行教学提供了良好的材料。

综上所述，对外汉语词典与语文词典在收词数量、编排体例、释义元语言的运用等方面都存在着一定的差异。从这些差异中我们也可以感受到汉语作为第二语言教学与汉语文教学之间的不同。

二、对外汉语词典中形名搭配情况调查与分析

“通过词语搭配和例句来理解与掌握一个新词，是第二语言学习的重要手段。”[①] 同时，词语搭配也是阐明词义的重要手段。为了表明词义，各词典都为所释之词配上了相应的词语搭配或例句。我们以单音节形容词“老”为例，了解各词典对形名搭配的安排情况。“老”既可以单独成词，也可以作为语素，我们只比较“老”单独成词时其不同义项与名词的搭配情况。在《现代汉语词典》中“老”有 8 个可以独立成词的形容词义项，这 8 个义项在上述对外汉语词典中的搭配情况见表 4-2：

---

① 引自《汉语8,000词词典》的前言。

表 4-2 带“老”的形名搭配在6部词典中的分布情况

	① 年岁大	⑤ 很久以前就存在的	⑥ 陈旧	⑦ 原来的	⑧ （蔬菜等）长过了季	⑨ （食物）火候大	⑪ 颜色深	⑮ 排行在末了的
《现代汉语词典》		老厂、老朋友、老根据地	老脑筋、老机器	老脾气、老地方			老绿、老红	老儿子、老闺女、老妹子
《汉语常用词用法词典》	*老教师 *老牛	老厂、老朋友、老上级、老同事、老地方、老脾气						
《汉语8,000词词典》	老先生、老两口、老一代、	老朋友、老地方、老邻居、老牌子、老传统、老习惯、老房子、老毛病、老脾气、老古董						
《HSK汉语水平考试词典》		老搭档、老朋友、老主顾、*老同学、*老牌子	*老古董	老脾气、老地方、*老习惯	老玉米[1]			

① 在《现代汉语词典》中，“老玉米”中的“老”是前缀，不表示（蔬菜等）长过了季。

续表

《当代汉语学习词典（初级本）》	*老狗、*老教授	*老电影、*老歌、*老朋友、*老地方、*老办法			
《学汉语用例词典》		*老校长、*老毛病、*老同学			

注：表中带“*”的形名搭配来自例句。

根据表 4-2 的内容，我们可以总结出以下几点。

1. 对外汉语词典按照义频确定义项

表 4-2 的内容显示，对外汉语词典中“老”的不同义项与《现代汉语词典》并不一致。对外汉语词典将某些意义差别不大的义项进行了合并，一些非常用义项则没有列举。在对义项进行取舍时，对外汉语词典遵循了频率的原则。我们曾对“老”（形容词词性）的不同义项的使用频率进行过统计[①]，统计结果显示，义项①的使用频率最高，紧随其后的是义项⑤，然后是义项⑥和义项⑦，而其他几个义项使用频率非常低。各对外汉语词典都收录了出现频率高的义项，而没有收录低频的义项。因此，本书认为，

① 参见步延新的硕士论文《面向对外汉语教学的单音节动词形容词义频研究》，北京师范大学，2005。

对外汉语词典在选取词的不同义项时参考了该义项的使用频率。

2. 对外汉语词典将意义相近的义项进行了合并

《现代汉语词典》对义项的划分过于细致，个别义项间的意义差别不大，同时还存在义项间界限不清的问题，如“老”的⑤⑥⑦ 3 个义项。对外汉语词典将部分意义比较相近的义项进行了合并。例如上述 5 部对外汉语词典都将《现代汉语词典》中“(蔬菜等)长过了季”和“(食物)火候大”合并为了同一个义项,而《汉语常用词用法词典》《汉语 8,000 词词典》《当代汉语学习词典（初级本)》《学汉语用例词典》则将“很久以前就存在的”“陈旧”“原来的”合并为了一个义项。在释义时，有的词典直接将这 3 个义项的意义并列在一起，有的列出了其中的两项，而有的则只列出了较常用的一项[①]。由此我们可以看出，对外汉语词典的编纂者非常清楚此类词典所针对的对象，努力将最常用、最实用的义项展现出来，这不仅使词典的编排体例更加简捷、清晰，而且也大大减轻了学习者，尤其是初学者的学习负担。

3. 对外汉语词典所列词语搭配示例缺乏科学依据

在对“老”的某个义项进行解释时，不同词典所列举的形名搭配示例差别很大，以表示“很久以前就存在的、

① 虽然在释义时只列出了一个或两个意义，但从义项中所给的词语搭配或例句仍能看出其表达了不同的意义。

陈旧、原来的”等意义为例[①]，包括《现代汉语词典》在内的6部词典在对该义项进行释义时共列举了23个形名搭配，在各词典中出现的总次数为40次，具体分布情况见表4-3：

表 4-3　6部词典在解释“老”时列举的形名搭配示例

词语搭配	在各词典中出现的次数	在语料库中出现的次数*	词语搭配	在各词典中出现的次数	在语料库中出现的次数
老朋友	5	2,467	老校长	1	107
老地方	5	171	老搭档	1	56
老脾气	4	34	老机器	1	10
老牌子	2	38	老主顾	1	97
老同学	2	529	老房子	1	245
老　厂	2	417	老脑筋	1	27
老古董	2	89	老传统	1	149
老毛病	2	142	老办法	1	245
老习惯	2	116	老电影	1	31
老邻居	1	85	老　歌	1	96
老上级	1	66	老根据地	1	75
老同事	1	139			

注：“*”此处的语料库是指北京大学的现代汉语语料库。

① 为了尊重大部分对外汉语词典的编排体例，也为了统计方便，我们将“老”的⑤⑥⑦ 3个义项合并在一起作为一个义项。

这些搭配在各词典中出现的次数并不一致，“老朋友”“老地方”“老脾气”这3个搭配是6部词典中最常见的，几乎每部词典都以这几个搭配为例，有6个搭配出现在两部词典中，其余十几个形名搭配分别分布在不同词典中。我们在北京大学的现代汉语语料库中对这些搭配进行了检索，发现这些搭配在语料库中的出现频率有很大差别，有的搭配出现频率很高（如“老朋友”），有的出现频率非常低（如“老脾气”“老搭档”“老牌子”等）。在各词典常列举的3个搭配中，“老朋友”“老地方”的出现频率相对较高，而“老脾气”的出现频率非常低。此外，“老机器”“老电影”“老牌子”等搭配形式的出现频率也非常低。词典列举示例的目的是阐明词义，出现频率高的搭配和出现频率低的搭配所起的作用是不一样的。词语搭配出现频率的高低反映了词语是否常用。从认知语言学来看，那些经常出现的事物或现象更容易被感知。直接面向留学生的对外汉语词典如果能在清楚阐明词义的同时，再按照频率的原则列举频率高的搭配就更为合适，“老脾气”“老传统”“老办法”表达同样的意义，但“老脾气”的出现频率非常低，“老传统”“老办法”的出现频率比较高，因此应该用“老传统”“老办法”来替代“老脾气”。

另外，《HSK汉语水平考试词典》在释义时列举了“老古董”“老搭档”“老主顾”等搭配，“古董、搭档、主顾”都是超纲词。上文我们曾经介绍过，《HSK汉语水平考试词典》在释义和举例时的用字限制在 2,095 个常用字之内。该词典考虑了用字的情况，但没有注意用词的情况，在举例时出现了一些超纲词。相比较而言，《当代汉语学习词典（初级本）》在这方面就比较注意。作为初级本，该词典只收录了最常用的甲级词和乙级词，所列举的示例也都控制在甲、乙级词范围内。

面向母语为非汉语的学习者的对外汉语词典，其在收词、释义、结构等方面有自身的特点，并能够根据留学生的学习特点，将词的不同义项进行适当合并，这些对教学都非常有益，但也存在一定的问题。我们以个案分析的方式对词典搭配示例中的单音节形容词与名词的搭配情况进行了考察，结果发现，各词典在选择搭配示例时基本没有考虑频率问题，部分词典的示例中所搭配的名词还存在超纲现象。

第二节　对外汉语教材中形名搭配情况考察

一、对外汉语教材中形名搭配情况介绍

教材建设是学科建设的一项重要内容，这项工作受到教育主管部门、各有关院校和广大对外汉语教学工作者的普遍重视。教材是课堂教学的基础和主要依据，要提高课堂教学的质量，就必须有理想的教材。“一部好的教材，往往被当作教学成功的前提。”（刘珣，1997）对外汉语

教材建设是对外汉语学科建设的重要方面。自1958年出版第一套对外汉语教材《汉语教科书》开始，几十年来，学者们不断探索、总结经验、广开思路，编写了大量不同类型、不同种类、适合于不同级别学习者的对外汉语教材，一批符合新的教学思路、按照新的教学方法编写的教材陆续问世。教材出版的数量和品种空前增加，不少教材的针对性和适用性也有所加强。这些教材在编写时基本遵循语言规律、语言学习规律和语言教学规律，大部分教材是本着结构与功能相结合的原则编写的，具有科学性、实用性、交际性、知识性、趣味性等特点，为课堂教学提供了很好的依据。

我们对20世纪90年代以来通行的12套（共48册）不同级别对外汉语精读课（也称读写课、综合课）教材进行了统计，目的是了解现有对外汉语教材中单音节形容词与名词搭配情况。这些教材中既有长期的本科系列教材，也有短期的强化教材。所统计的教材情况见表4-4（以出版时间为序）：

表4-4 所统计的教材情况

教材名称	编者（主编、编著）	出版单位（出版社）	出版时间
《新汉语课本（基础阶段）》（共四册）	复旦大学国际文化交流学院	复旦大学出版社	1990
《桥梁——实用汉语中级教程》（共两册）*	陈灼	北京语言文化大学出版社	1996

续表

教材名称	编者（主编、编著）	出版单位（出版社）	出版时间
《汉语初级教程》（共四册）* 《汉语中级教程》（共两册）* 《汉语高级教程》（共两册）	邓　懿 杜　荣 姚殿芳	北京大学出版社	1997
《走进中国》（初级本） 《走进中国》（中级本） 《走进中国》（高级本）	杨德峰 黄立 任雪梅 刘晓雨 刘元满等	北京大学出版社	1997
《参与——汉语中级教程》*	赵燕皎	北京大学出版社	1998
《汉语教程》（一年级教材）（共六册）*	杨寄洲	北京语言文化大学出版社	1999
《新实用汉语课本1》* 《新实用汉语课本2》* 《新实用汉语课本3》*	刘珣	北京语言大学出版社	2004
《攀登——中级汉语教程》（共三册）*	杨寄洲	北京语言大学出版社	2005
《发展汉语——初级汉语》（共两册） 《发展汉语——中级汉语》（共两册） 《发展汉语——高级汉语》（共两册）	荣继华 徐桂梅 徐桂梅 武惠华 岑玉珍 杨存田	北京语言大学出版社	2006
《汉语精读课本（预科）》 《汉语精读课本（一年级上册）》 《汉语精读课本（一年级下册）》* 《汉语精读课本（二年级上册）》 《汉语精读课本（二年级下册）》	马燕华 汝淑媛 王健昆 李炜东 白荃 尚平	中国社会科学出版社	2006

续表

教材名称	编者（主编、编著）	出版单位（出版社）	出版时间
《新阶梯——中级汉语教程》（共三册）	苑良珍 张艳华	北京大学出版社	2006
《汉语强化教程（词汇课本）》（共四册）*	陈贤纯等	北京语言大学出版社	2006

注：“*”表示该教材专门安排了词语搭配训练，且每课均有。

词汇是语言的三大要素之一，是语言的建筑基石。词汇的安排与练习在整个教材编写中占有极其重要的地位，词语搭配是词汇训练的重要方式之一。从词性上看，词语搭配涉及动词、形容词、名词、副词、连词、介词等各个词类；从音节上看，有双音节与双音节、单音节与双音节、单音节与单音节等不同搭配形式。我们考察的是单音节形容词与名词的搭配情况。

要想了解教材对词语搭配的安排情况，首先要对词语搭配范围进行限定。从广义上说，连词成句、选词填空、词语连线、填写合适的词语等练习形式都属于词语搭配的范围，如此定义的话，表 4-4 中每种教材中都有与之相关的内容。我们所要了解的词语搭配情况是严格意义上的，也就是说教材中应明确指出是词语搭配练习或是其他表现形式，表 4-4 中标有“*”的教材都是比较重视词语搭配的教材。这些教材基本每课都安排了相应的训练形式，训练方式各不相同。课后练习中的词语搭配训练是最为常见的一类练习，大部分教材都是通过课后练习来完成词语搭配训练的。单音节形容词与名词的搭配训练也主要体现在课后的词语搭配练习中。经过统计调查，我们发现以下问题。

1. 形名搭配训练主要集中在初级教材，中、高级教材对形名搭配的训练明显不足

表 4-4 中标有“*”的教材基本都是初级教材和中级教材，也就是说，初、中级教材比高级教材更重视词语搭配训练[①]。为了深入了解单音节形容词与名词在各级教材中的搭配情况，我们以《汉语初级教程》（简称《初级教程》）、《汉语中级教程》（简称《中级教程》）和《汉语高级教程》（简称《高级教程》）为例进行调查分析。这套教程是北京大学出版社于 1997 年出版的，是专供外国人学习汉语所使用的系列教材。教材内容题材广泛、形式多样、语言生动活泼，反映出 20 世纪 90 年代以前中国社会生活的现实情况，同时该教材对中国的传统文化也做了相应的介绍。这套教材也比较重视词语搭配的训练。《初级教程》中与词语搭配相关的练习形式非常丰富，如熟记词语搭配形式、熟记词语的组合方式并造句、填写适当的词

① 出现这种情况也有一定的客观原因：目前初、中级教材比较多，而高级教材相对较少。在我们统计的教材中，初级教材有27本，中级教材有16本，高级教材只有5本。

语等。《中级教程》中与词语搭配相关的练习形式比较单一，主要是熟记各词的用法并造句。虽然练习形式比较单一，但基本上每课都安排了这样的练习内容。《高级教程》则只在前几课安排了相关练习。我们对这套教材中的单音节形容词与名词搭配的情况进行了统计，结果见表 4-5：

表 4-5　不同级别教材中形名搭配训练情况

	单音节词/个	单音节形容词/个	形名搭配/个
《初级教程》	155	30	16
《中级教程》	59	6	1
《高级教程》	53	3	1

表 4-5 中的数据显示，《初级教程》对 155 个单音节词进行了搭配训练，数量较多，而《中级教程》和《高级教程》对单音节词的搭配训练均不足 60 个。对单音节形容词的搭配训练，中、高级教材也明显不足，分别只有 6 个和 3 个。单音节形容词可以做名词的修饰成分，也可以做谓语或状语。就形名搭配而言，《初级教程》对 16 个单音节形容词修饰名词的情况进行了训练，占全部形容词的一半以上，而《中级教程》和《高级教程》分别只对 1 个单音节形容词进行了训练。

为了了解这是不是一种偶然现象，我们又对另外两部中级教程进行了统计分析。《桥梁——实用汉语中级教程》（简称《桥梁》）和《参与——汉语中级教程》（简称

《参与》）这两部中级汉语教材都比较重视词语搭配训练。《桥梁》在生词后专门设置了词语搭配与扩展内容，讲解详细，示例清晰，同时又在课后安排了相应的练习形式，前后呼应，充分体现了教材编写者遵循着“输入”早于“输出”的学习原则，符合语言知识的“获得”“保护”和“再现”的第二语言学习规律。学生可以在理解、记忆常用搭配的同时及时进行应用练习。《参与》对词语搭配的训练形式主要体现在词语表中，该教材在词语表中给出了部分词语的搭配形式，这可以使学生在学习新词语的同时了解常用词语的搭配。我们对这两部中级教材中单音节形容词与名词的搭配情况进行了统计，结果显示：《桥梁》共计对 35 个单音节词的搭配形式进行了详细的介绍，这些单音节词中没有形容词；《参与》的词语表中给出了 46 个单音节词的搭配形式，其中只有 1 个形容词。

综上所述，我们统计的这 3 套中级教材几乎没有对单音节形容词与名词搭配进行训练。由此可见，中级教材虽然很重视词语搭配的训练，但是对单音节形容词的搭配训练明显不足。从整体上看，对单音节形容词与名词的搭配训练主要集中在初级教材中，中、高级教材几乎没有对形名搭配情况进行介绍。

2. 同等级的教材对形名搭配的重视程度不一

相对于中、高级教材而言，初级教材比较重视形名搭配的介绍和训练，那么同为初级水平的不同教材对形名搭配的训练情况如何？为了了解这一情况，我们对《汉语初级教程》(简称《初级教程》)、《汉语教程》(一年级教材)(简称《汉语教程》)、《新实用汉语课本》(简称《汉语课本》)3 套教材进行了对比。这 3 套教材都很重视对词语搭配的训练，都设有专门的词语搭配部分，对重点词语的搭配形式进行了介绍。这 3 套教材中的形名搭配情况的统计结果见表 4-6：

表 4-6　同等级不同教材中的形名搭配情况

	单音节词/个	单音节形容词/个	形名搭配/个
《初级教程》	155	30	16
《汉语教程》	101	10	3
《汉语课本》	141	24	6

表 4-6 中的数据显示，同为初级教材，各教材对单音节词的搭配训练并不相同，《初级教程》对单音节词的搭配训练最多，有 155 个，《汉语教程》最少，只有 101 个。对单音节形容词的训练，也是《初级教程》最多。3 套教材中还是《初级教程》最重视单音节形容词对名词的修饰。总体看来，3 套教材对形名搭配训练的重视程度有所不同。

二、对外汉语教材中形名搭配情况的分析

上文我们对不同教材中形名搭配的情况进行了比较，总的看来，初级教材比中、高级教材更重视单音节形

容词的搭配训练。部分初级教材比较重视对单音节形容词修饰名词的训练，但大多数教材对形名搭配的重视不足。我们就这些情况做进一步的分析，并根据分析结果提出相应建议。

首先，高频词中单音节词所占的比例较高，随着词语使用频率的下降，单音节词的比例也逐渐下降[①]。《中级教程》《高级教程》词语搭配训练中的单音节形容词数量少于《初级教材》是符合这一规律的。即便如此，我们还是可以看出，《中级教程》《高级教程》对单音节形容词还是缺乏足够的重视。据我们统计，《词汇大纲》中的乙级词、丙级词和丁级词中单音节形容词所占的比例为12%，而《中级教程》《高级教程》词语搭配训练中的单音节形容词所占比例为8%。《桥梁》和《参与》两部中级教材对单音节形容词的搭配训练不足1%。由此可以看出，中、高级教材对单音节形容词的搭配训练明显不足。词语搭配是词语深层知识的体现，是高年级学生学习的重点，高年级教材中不仅不应该减少对词语搭配的训练，反而应该更加重视。此外，通过调查我们还发现，这套教材对词语搭配的训练缺乏系统性，每个级别的教材对词语搭配的训练形式都不一样，高级教材中只有前面几课涉及词语搭配。

① 据我们统计，《词汇大纲》中单音节词在甲、乙、丙、丁4级词语中所占的比例依次为42.1%、28.2%、20.1%、12.8%，呈逐渐下降趋势。

鉴于这种情况，我们建议，编写教材时，在词语搭配训练上，应该根据《词汇大纲》合理安排各类词语的比例。同一套教材应该在编排体例上具有连续性，练习内容应前后呼应，体现出系列教材的特点。

其次，相对于中、高级教材而言，初级教材比较重视单音节形容词与名词的搭配训练，但是重视的程度并不一致。总的看来，大部分教材对形名搭配的训练都不是很充分。单音节形容词是词语中比较重要的一部分，为什么大部分教材对这类词都没有予以足够的重视？究其原因，与单音节形容词的句法功能有直接的关系。

我们曾在前文的文献综述中介绍过，目前单音节形容词的功能问题还是学者们讨论的重点，单音节形容词到底是做谓语还是做名词的修饰成分还没有一个确切的结论。从教材对单音节形容词的搭配示例的安排上可以看出，绝大多数教材还是偏重于单音节形容词的主要功能是做谓语、状语、补语，如“长”，教材中所列举的搭配示例是“很长”“长多了”“长极了”“长两厘米”，而不是“长桌子”“长头发”“长衣服”“长时间”“长时期”；“好”的搭配示例是“好高”“好得很”“好极了”，而不是“好朋友”“好邻居”“好故事”“好日子”“好文章”“好生活”；“坏”的搭配示例常常是“摔坏了”“弄坏了”“打坏了”，而不是“坏孩子”“坏脾气”“坏风气”“坏消息”。我们暂不讨论单音节形容词的句法功能问题，单从单音节形容词与名词搭配的角度来说，大部分教材并没有将生活中常见的、使用频率较高的形名搭配形式介绍给学生，这不能不说是教材的一个不足之处。本书建议，编写者在编写教材时，应该重视单音节形容词与名词的搭配训练，尤其是中、高级教材。为了使单音节形容词与名词的搭配有可参考的依据，我们根据统计结果制定了《单音节形容词与名词搭配表》，具体介绍见下文。

第三节　《单音节形容词与名词搭配表》的制定

研究的目的是应用，前面几章我们利用语料库对单音节形容词与名词搭配的情况进行了统计和分析，了解了自然语料中单音节形容词与名词搭配的情况。本章的前两节对对外汉语词典和教材中的形名搭配情况进行了调查，结果显示，目前对外汉语词典和教材对词语搭配予以了一定的重视，但对单音节形容词与名词的搭配重视不足。同时，词典在释义时所用的形名搭配示例比较随意，缺乏科学依据。对外汉语教材，特别是中、高级教材对单音节形容词的训练明显不足，对单音节形容词与名词的搭配训练几乎没有。此外，形名搭配形式含有丰富的文化内涵，无论是词典还是教材都没有对具有文化含义的形名搭配给予相应的介绍。针对上述情况，同时也为了使教材编写、词典编纂及具体的教学有一个可以参照的标准，更为了使我们的研究成果能够得到实际的应用，我们特制定了《单音节形容词与名词搭配表》。

一、《单音节形容词与名词搭配表》的结构及内容

在第 2 章我们根据单音节形容词所搭配名词的数量，将形容词分为“高自由度”“低自由度”和“无自由度”3 类。在这 3 类词项的基础上，我们分别制定了 3 个表：“无自由度”一类只列出 188 个不能直接修饰名词的单音节形容词词项①（见附表Ⅲ）；“低自由度”一类简单列出了与这类词项共现的名词（见附表Ⅱ）②；重点是“高自由度”一类，这类形容词词项所搭配的名词一般在 10 个以上。我们以 127 个“高自由度”单音节形容词词项为基础，对其所搭配的名词进行加工，制定出《单音节形容词与名词搭配表》（见附表Ⅰ）。这个表内容丰富，信息量大，以语料库作为基础，同时也介绍了具有文化意义的形名搭配形式。下面我们以“绿$^{甲}_{1}$”为例来看一下该表的结构模式，具体分析见表 4-7。

---

① 严格地说，应该是在我们统计的语料中没有名词与之共现的单音节形容词词项。

② 制表时删掉了部分比较冷僻的搭配形式。

表 4-7　《单音节形容词与名词搭配表》示例

序号	词项	释义	词语搭配	具有文化含义的形名搭配示例		
				汉语	英语	俄语
65	绿$^{甲}_{1}$	像草或树叶茂盛时的颜色	绿树[甲]、绿草[甲]、绿柳[*]、绿海[甲]、绿浪[乙]、绿湖[甲] 绿衣服[甲]、绿衬衫[甲]、绿大衣[乙]、绿裙子[甲]、绿军装[*]、绿军服[*]、绿绸子[丁] 绿颜色[甲]、绿房子[甲]、绿玻璃[乙]、绿油漆[丁]、绿窗户[甲]、绿门[甲]、绿墙[甲]、绿旗[甲]、绿伞[乙]、绿电钮[丁]、绿灯光[*]、绿车[甲]、绿钞票[丙]	绿帽子	green room（剧场、电视演播室等的）演员休息室	зелёная тоска（绿色的寂寞）〈口〉难熬的寂寞 зелёный стол（绿桌子）赌桌 ……

《单音节形容词与名词搭配表》主要包括 5 部分内容。

1. 序号

该词表共计 127 个词项，序号为 1 ～ 127。

2. 词项

“绿$^{甲}_{1}$”中的“甲”表明该词在《词汇大纲》中是甲级词，

“1”是指《现代汉语词典》中“绿”的第一个形容词义项，以此类推。再如，“暗$_{2}^{乙}$”表明该词在《词汇大纲》中是乙级词，是《现代汉语词典》中“暗”的第二个形容词义项。

3. 释义

以《现代汉语词典》的释义为基础，稍加变动。将合并词项所表达的意义排列在一起，对分列出来的词项进行解释，如“老”的几个义项合并为一个词项“很久以前就存在的；陈旧；原来的”，中间用“；”隔开，而为“黑”分立了“反动的、不好的、不公开的”等几个义项。

4. 词语搭配

词语搭配是这个表的核心部分，这些形名搭配形式是根据不同标准精心筛选出来的。

首先，把统计得出的所有搭配形式都列在表中，这些形名搭配均出自国家语委的语料库。删除日常生活中比较少见的科技用语（如“单光束”“单核”“副极地”“副神经”“粗纤维”“假命题”）、生僻的搭配（“尖喙”“慌梦”）、口语较强的搭配（“方脸膛”“毒日头”）、具有多重修饰成分的搭配（“空子弹箱”“空塑料袋”“好樟木箱”）等。

其次，根据《词汇大纲》排除那些带有超纲词的搭配形式。但为了扩大学生的词汇量，我们也将一部分出现频率较高的带有超纲词的搭配形式保留了下来，这类搭配形式后都标有“*”以示区别，如“绿柳*”“绿军服*”等。每个形名搭配的右上角标出了该名词在《词汇大纲》中的级别，便于使用者了解所搭配名词的等级。

最后，根据所搭配名词的义类特点，按意义将这些搭配形式分成小类，如表 4-7 中“绿树[甲]、绿草[甲]、绿柳[*]、绿海[甲]、绿浪[乙]、绿湖[甲]”属于自然环境类；“绿衣服[甲]、绿衬衫[甲]、绿大衣[乙]、绿裙子[甲]、绿军装[*]、绿军服[*]、绿绸子[丁]”属于服饰类；“绿颜色[甲]、绿房子[甲]、绿玻璃[乙]、绿油漆[丁]、绿窗户[甲]、绿门[甲]、绿墙[甲]、绿旗[甲]、绿伞[乙]、绿电钮[丁]、绿灯光[*]、绿车[甲]、绿钞票[丙]”可以算是日常生活类等。我们只将不同小类的词语分开排列，而没有为每个小类命名，这是因为学生自己的头脑中都有相应的心理词典，有词语的网络概念，他们可以根据每个小类中词的核心意义展开联想并记忆。

需要说明的是，在最初的统计结果中，这个表中所有的形容词词项所搭配的名词数量均超过 10 个，而经过上述条件层层筛选之后，部分词项只有四五个可以与之搭配的名词了。另外，有些词项可搭配的名词数量过多，如“大$^{甲}_{1}$”“小$^{甲}_{1}$”“长$^{甲}_{1a}$”“好$^{甲}_{1}$”等，由于本书篇幅有限，我们只列出一些出现频率较高、具有代表性的搭配形式。

5. 具有文化含义的形名搭配示例

这部分内容分为 3 个部分，分别是汉语、英语、俄语中具有文化含义的搭配形式。这些形名搭配形式都具有一定的文化含义，可以反映出不同民族的生活方式、思维习惯、审美情趣、政治制度等方面的共性与差异。这些具有文化含义的搭配形式，在结构上保持了同一性，都是“形容词＋名词”的结构形式。由于这些搭配形式所包含的文化内容非常丰厚，产生的原因也极其复杂，因此，我们只将这些形名搭配形式列了出来，并没有对其文化含义的来源、产生的原因做详细的介绍。

二、《单音节形容词与名词搭配表》中具有文化内涵的形名搭配

“文化是人类所创造的一切物质、制度与精神。”（许嘉璐，2002）语言的传授与接受实际上也是一种文化的传授和接受。学生对文化词语理解与否，在很大程度上取决于他们对该民族文化知识了解的程度高低。在对外汉语教学中，教师要培养出既有一定语言能力，又具有一定文化底蕴，同时能够准确、得体地进行跨文化交际的学生，这就要求教师不仅要了解本国的文化，同时也要了解学生的母语文化。利用不同文化之间的共同之处，培养学生的跨文化意识，辨析汉语与学生母语之间的文化差异。前面我们对对外汉语词典和教材进行调查时也发现，无论是词典还是教材对具有文化内涵的形名搭配形式都没有予以足够的重视。学生只能从字面上理解词语搭配的意义，而无法了解词语搭配所包含的深层文化知识。因此我们列出了一些具有文化内涵的形名搭配形式，同时，也将英语和俄语两种语言中相应的具有文化内涵的形名搭配形式展示了出来，目的是使汉语教师了解这些搭配形式，尽量预防和避免学生母语的负迁移作用。

1. 词语中的文化内涵

从某种意义上说，语言具有不可译性，不同语言中内涵和外延完全相对应的词是非常少的，绝大部分词的内涵和外延都有较大的差异。这是由于不同民族所处的地理环境，所拥有的社会制度、风俗习惯等不同，如“龙”在东方和西方都是传说中的一种动物，但其所附带的文化意义却完全相反。在中国,“龙”象征着中华民族团结、勇敢、一往无前的精神，在封建社会“龙”还是皇权的象征。英语中的“dragon”则是传说中具有翅膀和巨大脚爪，能从口中吐火的爬行类怪兽，喻指“严厉的人”。俄罗斯民族中的“дракон”是一种喷吐火焰、吞食生灵的怪物，人们对龙没有好感，喻指“残酷的人”。这个例子体现了不同民族精神观念、风俗习惯之间的差异。此外，有些意义上差别很小的词语很容易让人忽视它们之间的差异，其实这些细微差异的背后也隐含着丰富的文化内容，如俄语的“дача”翻译成汉语为“别墅”。在汉语中“别墅”是指在郊外风景区建造的供休养用的园林住宅，一般装修得比较豪华。而俄语中的“дача”是指在郊外的小屋，这样的小屋条件比较差，设施也很简陋。在俄罗斯，一般家庭都有这样的郊外小屋，小屋附带一个菜园，人们可以在这个菜园中种植家庭生活需要的蔬菜。这个词可以反映出俄罗斯民族的生活习惯，而汉语中没有与其意义完全相对应的词。类似的情况还有很多，具有文化内涵的词语很丰富，对外汉语教师平时要注意了解、掌握类似的词语，并在教学过程中适时地将这些具有文化含义的词语介绍给学生。

2. 形名搭配所反映的文化含义

不同民族的生活习惯、价值观念、思想意识等也可以在形容词与名词的搭配形式中显现出来，如在汉语和俄语中“红军”都是指革命队伍，而在英语中“The Red Army”则指苏联军队，其中的“Red”在英语民族看来并无进步之意，反而象征着暴力、恐怖、血腥，这间接反映了英语民族对苏联红军的贬抑心理。又如，在汉语中表示嫉妒别人的时候用“红眼”，而在英语中则用“green-eyed（绿眼）”，英语中的“red eye”表示夜间的航班。再如，汉语中的“红茶”在英语中是“black tea（黑茶）”；英语中的“black coffee（黑咖啡）”一般被翻译成“浓咖啡”，“黑咖啡”并不是指颜色，而是指没有加糖和牛奶的咖啡；俄语中的“пустой чай（空茶）”是指不放糖的茶。

一些可以反映民族文化的搭配形式在长期使用过程中逐渐成为一个固定或半固定的搭配形式。汉语中像这样能够表现民族特色的词语搭配形式非常多，其中不乏单音节形容词与名词的搭配，如“闷葫芦”“老油条”“铁饭碗”“铁公鸡”“绿帽子”“小报告”“小算盘”“香饽饽”“大红人”“小白脸”等。同样，其他语言中也有类似具有丰富的文化内涵的搭配形式，如“Big Brother”（意欲控制人们思想行为的虚伪的领导者）、“a raw deal”（指不公平的待遇；不公正地对待）、“грухое время”（聋的时间，指萧条时间、低潮期）、“лёгкая рука”（轻手，指手气好；好运气)、“тёплое местечко”(温暖的位置，在口语中指优厚的职位、肥缺）等。

3. 搭配表中具有文化含义的形名搭配的来源

具有文化含义的形名搭配是《单音节形容词与名词搭配表》中一个重要的组成部分，这个部分涉及汉语、英语、俄语 3 种语言。在确定这些具有文化含义的形名搭配时，我们采取了两种办法：一是从文献资料中获取（汉语的搭配主要采取这种办法），二是从词典中获取（英语、俄语的搭配主要采取这种办法）。

汉语中具有文化含义的形名搭配形式主要是在一些与文化相关的文献资料中找到的。我们也在相关的资料中看到了一些反映西方民族文化生活的形名搭配形式。同时，我们也发现，不同资料中这类搭配形式的重复率很高，所列举的示例主要是颜色词，为了了解英语、俄语中更多具有文化含义的词语搭配，我们尝试运用了词典语义对比的方法。

词典语义对比的方法就是在不同语言的词典中对表达同一意义的词语进行比较的方法。词典中词的含义非常丰富，一般词典在解释词义的时候都会给出一定的搭配形式，有的搭配形式可以反映出不同民族的文化生活。我们选择了《现代汉语词典》[①]《牛津高阶英汉双解词典》《新俄汉词典》3 部词典。这 3 部词典都是目前比较权威的工具书，收词量均在 6 万～ 8 万。《现代汉语词典》是一部词典，其中短语比较少，我们主要以该词典中的词条为标准来确定需要进行比较的词语。此外，该词典中有一些已经凝结成词的形名结构，在英语、俄语词典中仍是以词组的形式出现。

经比较我们发现，这 3 部词典都不同程度地介绍了一些具有文化含义的形名搭配形式，《现代汉语词典》和《新俄汉词典》一般情况下只给出相应的搭配形式，而《牛津高阶英汉双解词典》的相关介绍比较详细，不仅给出了搭配形式，而且还对部分词语搭配的来源进行了简要的介绍，例如，“white elephant”（指昂贵而无用之物）源自下面的故事：在暹罗（现在的泰国），国王总是赐给他不喜欢的人一头白象，这个人就不得不花掉所有的钱来饲养这种稀有的动物。“Big Brother”（老大哥，意欲控制人们思想行为的虚伪领导者）源自乔治·奥威尔的小说

---

① 汉语中有一些专门的搭配词典，这些搭配词典给出了词语的搭配形式，是非常实用、非常有价值的词典。不过，这些搭配词典侧重于介绍双音节动词的搭配形式，对单音节形容词的介绍比较少。另外，《形容词用法词典》等专门的形容词用法词典给出了形容词的搭配形式，但这些搭配形式主要是为了表达形容词的语法意义，基本没有介绍具有文化含义的搭配形式。经过比较，我们还是选择了《现代汉语词典》。

《一九八四》。书中的政府头目“老大哥”（Big Brother）彻底控制着人民。“老大哥在看着你”这一标语提醒人们注意，他知道他们所做的一切。“blue riband”（冠军荣誉，优胜者称号[有时以蓝绶带形式授予冠军得主]）。“red herring”（转移注意力的次要事实[或想法、事件等]）源自用（红色）熏干鲱鱼的气味训练狗狩猎的做法。“red tape”（繁文缛节；官僚作风）源自用红色或粉红色的带子捆扎公文的习俗。这样的解释会让学生很轻松地理解词语搭配所表达的意义。

具有文化含义的形名搭配不论对学生还是对教师都有一定的帮助，可以使学生注意并了解词语搭配所包含的文化意义，增强学生学习文化的意识，使他们认识到学习语言不仅是掌握语言本身，而是通过语言来了解一个民族的生活习惯、思维方式、政治制度等诸多方面。同时，教师了解学生母语中具有文化含义的搭配形式，也可以有效利用或避免来自学生母语的正迁移或负迁移作用，取得更好的教学效果。

第四节　本章小结

本章我们对对外汉语词典及教材进行了调查分析，并且详细介绍了《单音节形容词与名词搭配表》的结构内容及制定过程。下面我们对本章简单地进行总结。

首先，与普通的语文词典相比，对外汉语词典在收词数量、编排体例、释义元语言等方面都有其独特之处。相比较而言，对外汉语词典更重视运用词语搭配的示例和例句对词语进行说明。通过调查我们发现，这些词典在释义时所列举的形名搭配形式随意性较强，基本没有遵循频率的原则，所列举的频率较低的形名搭配形式，提高了学生学习的难度。有的词典所列举的形名搭配中的词语超出了《词汇大纲》的范围，违背了对外汉语词典的编写原则。

其次，我们对 12 套精读课教材调查之后发现，绝大部分教材都非常重视词语搭配问题，并通过各种形式对词语搭配进行了不同程度的讲解和训练。但这些词语搭配练习中对单音节形容词的训练非常少，尤其是单音节形容词修饰名词的训练。从整体上看，中、高级教材对形名搭配的训练几乎没有，初级教材中不同教材对形名搭配的安排也不一样。教材对形名搭配的安排情况，反映了编写者对单音节形容词功能的认识问题。我们暂不讨论单音节形容词的句法功能，单从本书的统计结果来看，有 100 多个单音节形容词常常修饰名词，并且一些形容词所修饰的名词数量还很多。因此，本书认为，无论是具体的词汇教学，还是词典、教材的编写都应该对单音节形容词修饰名词的情况予以一定的重视。

最后，为了将我们的研究成果直接应用于教学、教材编写和词典编纂中，我们制定了《单音节形容词与名词搭配表》。这个表的特点是以义项为单位，形名搭配示例来自自然语料，其出现频率较高，所搭配的名词按意义排列并且标有等级。此外，该表还对汉语、英语、俄语 3 种语言中具有文化含义的形名搭配进行了简单的介绍，目的是让学生及汉语教师对这些形名搭配有所了解，从而更加有效地进行学习和教学。

第五章　结论

第一节　研究结论

朱德熙（1956）指出定语和中心语是相互选择的，二者不能任意替换，譬如可以说“白纸”“白头发”，但是不能说“白手”“白家具”。类似的情况很多，如“贵东西”（* 贵手绢儿）、“薄纸”（* 薄灰尘）、“凉水”（* 凉脸）、“短袖子”（* 短沉默）、“绿绸子”（* 绿庄稼）、“蓝墨水”（* 蓝天空）等。朱德熙认为，“白纸”这类结构“是一种具有强烈的凝固趋势的结构，它的结构原则不是自由的造句原则”。后来，学者们对这一现象又进行了深入、细致的探讨和研究。张敏（1998）用认知语义学的理论对这种现象进行了解释。对“庄稼”“天空”而言，“绿”“蓝”分别是它们的属性，“天空”和“庄稼”的原型性的颜色分别被感知为蓝的和绿的，尽管它们有时显现为其他颜色，但都是临时性的，不足以用作稳定的分类证据。“庄稼”已经具有了“绿”的属性，所以就没有必要再用“绿”来修饰它。刘欣宇（2006）认为这些结构中的单音节形容词主要都是性质形容词。性质形容词的主要功能是区别，区别是以具有分类的可能为前提的。如庄稼一般是绿的，在色彩上具有唯一性，绿不具备区别作用，所以“绿庄稼”不可以说,而“绿绸子”中的“绿”具有区别作用，就可以说。“冷冬天”“咸海水”中的形容词起不到限制修饰的作用，所以没有这样的说法。学者们注重运用不同理论、从不同角度来解释为什么有些结构不能说，但对这些单音节形容词可以与哪些名词进行搭配、所修饰的名词具有哪些特点等问题却没有予以足够的重视。在汉语教学中，我们首要的任务是告诉学生某个形容词或动词常与哪些名词进行搭配。理论研究的目的是应用，本书从应用的角度出发，利用已经比较成熟的词语搭配理论及语料库技术对形容词与名词的搭配进行了研究。

《词汇大纲》是对外汉语教学、教材编写、词典编纂的主要依据，我们将其中的 249 个单音节形容词（含兼类词）作为研究对象。为了使研究更科学、研究结果更有说服力，我们以义项为单位进行研究，这也是近几年语言研究的一种趋势。我们根据《现代汉语词典》为多义词确立的义项，将 249 个单音节形容词的义项进行合并或分立，最后确定了 459 个单音节形容词词项。我们在国家语委的语料库中对这 459 个形容词词项与名词的搭配情况进行了统计。

统计结果显示，有 188 个词项不能与名词共现，也就是说不能直接修饰名词。有 271 个词项可以直接与名词搭配，所搭配名词的情况比较复杂。有的词项所搭配的名词超过 500 个，而有的只有一两个。与 100 个以上名词进行搭配的词项并不多，只有 7 个，大部分词项所搭配名词的数量都在 20 个以内。从这一点上看，对单音节形容词与名词的搭配进行穷尽性的研究是可能的，单音节形容词并不能非常自由地与任何名词进行搭配，它所搭配的名词是很有限的。同理，通过语料库对其他词语等进行搭配研究，了解这些词语的常用搭配也是可行的。在我们统计的 459 个单音节形容词词项中有 127 个可以与 10 个以上名词进行搭配。这些词项绝大多数都是本义和基本义，出现频率较高，所搭配的名词呈现出义类的特点，我们可以将这一特点灵活地运用到词语搭配的教学实践当中。此外，统计资料还显示出形名搭配的语用特点，我们从搭配的角度对“大”“小”“男”“女”的语用情况进行了个案分析。

词语搭配出现的频率是否会随时间的变化而有所改变，不同性质的语料中词语搭配是否一致，为了弄清这些问题，我们在不同性质、不同时间段的语料中对词语搭配进行了统计。结果显示，不同语料对单音节形容词所搭配名词的数量、形名搭配出现的频率都有一定的影响。世界是在不断运动和变化着的，词语搭配也不是一成不变的，它可以随着时间的变化而不断改变，这种变化可以映射出词义的演变、社会生活的变化等诸多现象，这有待我们进一步去深入研究。此外，以往学者们对某个问题进行研究时，各自选用自己认为比较合适的语料，因此得出的结论会有些差异。除了理论、方法等原因外，语料不同也是产生这种差异的原因之一。因此，在进行语言研究时要选择合适的、具有代表性的、均衡的语料，运用语料库是比较合理而科学的方法。

为了有针对性地进行研究，我们对对外汉语词典和教材中的形名搭配情况进行了调查。调查结果显示，词典和教材对词语搭配问题都比较重视。词典在对词进行释义后基本给出了词的搭配形式（有的以句子的形式出现），教材也以各种形式介绍词语搭配，通过各种方式对词语搭配进行训练。从整体上看，无论是词典还是教材，在选取词语搭配的示例或介绍词语搭配形式时都缺乏量化的统计，随意性较强，常出现一些使用频率较低的搭配形式。大部分教材完全没有对形名搭配进行训练的内容。另外，词语搭配中含有丰富的文化知识，形名搭配可以反映出民族的生活习惯、价值观念、风俗习惯等。词典和教材对具有文化含义的形名搭配形式的介绍比较少。

综合上述情况，依据本书的统计结果，我们制定出了内容丰富的《单音节形容词与名词搭配表》。

第二节　研究意义以及研究不足与研究方向

一、研究意义

首先，词语搭配是词语深层知识的体现，熟练地掌握和运用词语搭配可以提高学生驾驭语言的能力。词语搭配不仅是本族语学习的重点，也是考察第二语言学习者水平的重要标志。林杏光（1990）曾指出：“语文教学应当重视词语搭配组装的训练，既要指出不应该这样搭配，又要研究应该如何搭配，因此不妨说，词语搭配是学问，是语义艺术。”已有的词语搭配研究主要集中于动词的搭配上，相对于动词而言，形容词的搭配研究比较薄弱，特别是单音节形容词与名词的搭配。因此，本书在语料库中调查单音节形容词与名词的搭配情况。形容词是语言中一个非常重要的词类，对形容词与名词的搭配进行研究具有重要的意义。

其次，近百年来，学者们就形容词的地位和句法功能进行了深入、细致的探讨和研究，在确定形容词是一个词类之后，研究的重点一直放在形容词的句法功能上。学者们运用不同理论，从不同角度，采取不同方法论证了形容词的句法功能，形容词到底是作谓语还是作定语，抑或兼备两种功能，这个问题一直是形容词研究的焦点。对形容词与名词的搭配进行研究主要也是以句法功能为核心。虽然朱德熙（1956）、张国宪（2006）、张敏（1998）等学者也提出了形名搭配中搭配双方语义上的选择性等问题，但较少涉及形容词可以与哪些名词进行搭配、所搭配的名词有何特点、形名搭配的变化等问题。本书从形名搭配的角度来进行研究，有助于揭示汉语自身的特点，希望本研究可以促使更多的学者关注词语搭配的问题。

再次，词语搭配不仅是搭配双方在语法、语义上的密切配合，而且还涉及语用、认知、民族文化等各个方面。不同语言的词语搭配可以反映出不同民族的认知特点、思维方式、生活习惯等，词语搭配是民族心理在语言上的映射。我们采用词典语义对比的方法，收集汉语、英语、俄语 3 种语言中能够反映民族特点的形名搭配。这些形名搭配对于学生进一步了解汉族的文化和教师有针对性地进行汉语教学具有一定的意义。

最后，目前我们还没有发现专门针对留学生编制的单音节形容词与名词搭配表。我们根据研究结果，制定出适于汉语教学的《单音节形容词与名词搭配表》。这个表对汉语词汇教学、教材编写以及词典编纂等具有一定的参考价值。

二、研究不足与研究方向

首先，在谈到词语搭配问题时，人们先想到的是动词的搭配形式，学生关于词语搭配偏误率最高的也是动词搭配，然后才是形容词搭配。如果能对动词的搭配形式进行深入、细致的研究，并根据统计结果制定出比较实用的动词搭配表，对教学的意义会更大。但动词的数量远远超过形容词，由于笔者的时间、精力有限，所以选择了数量相对较少，而同样也比较重要的形容词进行研究。

其次，词和词组的界限问题。单音节形容词与名词的结合能力很强，特别是单音节形容词与单音节名词，很多搭配形式已经凝固为一个词，部分搭配形式正处在过渡阶段。虽然，我们以《现代汉语词典》为标准，并辅以扩展的方法来确定某一搭配形式是词还是词组，但有些搭配形式还是难以分清到底是词还是词组。汉语中部分具有文化含义的词语搭配形式已经凝结为词，为了把这些词语介绍给学生，所以我们把这些已经凝固了的搭配形式也收入了搭配表中。

再次，在论证不同性质、不同时间段的语料对词语搭配的影响时，我们只对几个具有代表性的例子进行了个案分析。虽然这些示例可以反映出大致的情况，但是如果能更全面地进行调查分析，结论会更具有说服力。此外，本书对一些语言现象分析不够透彻。透过现象可以看到事物的本质，但由于笔者能力有限，对一些语言现象未能更加深入地分析和论述，有些表述也不是很清晰、通畅。我们将在以后的研究工作中努力改进。

最后，《单音节形容词与名词搭配表》有待进一步完善。虽然我们根据频率、《词汇大纲》、词典等制作了一个信息比较丰富、内容相对完善的《单音节形容词与名词》搭配表，但该表还存在一些不足。受限于本书的篇幅，未能将更多的搭配形式表现出来。从整体上看，这个表显得比较粗糙。另外，具有文化含义的形名搭配形式还需要丰富。为了了解不同民族语言中具有文化含义的形名搭配形式，我们尝试采用了词典语义对比的方法。通过这一方法，我们找出了一些相关的搭配，但是还不够全面。我们将在今后的研究工作中注意积累具有文化含义的形名搭配形式，不断完善这个搭配表。

词语搭配是词汇中重要的一部分，涉及语法、语义、文化等各个方面。掌握更多的词语搭配形式，不论对母语学习者还是对第二语言学习者来说都具有非常重要的意义。本书只对单音节形容词与名词的搭配进行了尝试性的研究，希望能够引起更多学者对词语搭配的关注，同时，笔者也希望本书的研究成果能对实际教学提供一点帮助。

附　表　单音节形容词与名词搭配表

附表Ⅰ　高自由度单音节形容词词项表

序号	词项	释义	词语搭配	具有文化含义的形名搭配示例		
				汉语	英语	俄语
1	矮$^{甲}_{2}$	高度小	矮桌子[甲]、矮椅子[甲]、矮凳子[丙]、矮房子[乙]、矮房屋[丙]、矮栏杆[丁] 矮树[甲]、矮树林[乙]、矮柳树[丙]、矮杨树[丁]、矮灌木[丁]			
2	暗$^{乙}_{2}$	颜色偏深的	暗白色*、暗黑色*、暗红色*、暗黄色[丙]、暗绿色*、暗青色*、暗蓝色*、暗紫色*			

续表

序号	词项	释义	词语搭配	具有文化含义的形名搭配示例		
				汉语	英语	俄语
3	白$_{1}^{甲}$	像霜或雪的颜色	白胡子[乙]、白头发[乙]、白皮肤[乙] 白羊[甲]、白马[甲]、白骆驼[丙]、白孔雀[丁]、白天鹅[*] 白衣服[甲]、白西服[丙]、白帽子[甲]、白衬衫[乙]、白衬衣[乙]、白裙子[乙]、白围巾[丙]、白鞋[甲]、白皮鞋[*]、白袜子[甲]、白的确良[丁]、白涤纶[丁] 白面粉[丙]、白馒头[乙]、白萝卜[乙]、白荷花[丁]		white coffee（白咖啡）指加牛奶的咖啡 white goods（白色商品）指大件家用电器 white elephant（白象）指昂贵而无用之物 white lie 善意的谎言，小谎	белая ворона（白乌鸦）特别的人；与众不同的人 белые места（空白点）指未经考察、考察不够的地区或指尚待研究的问题 белый билет（白色证件）指免服兵役证 белый голос（白色的声音）无生气的、死气沉沉的声音

续表

序号	词项	释义	词语搭配	具有文化含义的形名搭配示例		
				汉语	英语	俄语
4	笨[乙][1]	理解能力和记忆能力差	笨孩子[甲]、笨家伙[丙]、笨小子[丁] 笨猪[甲]、笨狗[乙]、笨驴[丙]、笨熊[丁]、笨鸟[乙]、笨鸭子[丙]			
5	扁[乙][1]	图形或字体上下的距离比左右的距离小；物体的厚度比长度、宽度小	扁脸[甲]、扁鼻子[乙]、扁嘴巴[丁] 扁帽子[甲]、扁瓶子[乙]、扁盒子*、扁灯笼[丙]、扁锤[丁]			

续表

序号	词项	释义	词语搭配	具有文化含义的形名搭配示例		
				汉语	英语	俄语
6	薄[乙] $_{1}$	扁平物的上下两面之间的距离小	薄唇[*]、薄嘴唇[丙] 薄棉衣[乙]、薄棉裤[*]、薄毯子[乙]、薄被子[乙] 薄书[甲]、薄纸[甲]、薄板[乙]、薄云[甲]、薄雪[甲]、薄土[乙]			
7	长[甲] $_{1a}$	两点之间的距离大，指空间	长脸[甲]、长面孔[丙]、长鼻子[乙]、长耳朵[乙]、长舌头[乙]、长嘴巴[丁]、长牙[乙]、长眉毛[丙]、长胡子[乙]、长辫子[丁]、长头发[乙]、长脖子[乙]、长腿[甲]、长尾巴[乙]、长毛[乙]		long drink 大杯饮料 long hand 普通书写，非打印或速记	длинный рубль（长卢布）指容易赚得的厚利；高工薪（俗语）

续表

序号	词项	释义	词语搭配	具有文化含义的形名搭配示例		
				汉语	英语	俄语
			长背心[丙]、 长旗袍[丙]、 长围巾[丙]、 长绸子[丁]、 长带子*、 长袖子[丁] 长桌子[甲]、 长沙发[乙]、 长凳子[丙]、 长抽屉[丁]、 长鼓[乙]、 长棍子[丙]、 长绳子[乙]、 长葫芦[丁]、 长桨[丁] 长街[甲]、 长楼梯[乙]、 长桥[甲]、 长距离[乙]、 长队伍[乙]、 长影子[乙]			
8	长[甲]$_{1b}$	两点之间的距离大，指时间	长时间[甲]、 长时期[乙]、 长季[丙]、 长周期[丁]、 长夜[甲]、 长计划[甲]、 长寿命[丙]			

续表

序号	词项	释义	词语搭配	具有文化含义的形名搭配示例		
				汉语	英语	俄语
9	臭$^{乙}_{1}$	气味难闻	臭味儿[丙]、臭东西[甲]、臭鸡蛋[甲]、臭鱼[甲]、臭肉[甲]、臭袜子[甲]、臭鞋[甲]、臭脚[甲]、臭箱子[乙]、臭泥[乙]、臭屁[丁] 臭地方[乙]、臭河[甲]、臭港[乙]、臭水坑[*]、臭仓库[丙]	臭皮囊		
10	臭$^{乙}_{2}$	惹人厌恶的	臭工人[甲]、臭女人[乙]、臭丫头[*]、臭流氓[丙]、臭小子[丁]			

续表

序号	词项	释义	词语搭配	具有文化含义的形名搭配示例		
				汉语	英语	俄语
11	纯[丙]$_2$	纯粹；单纯	纯白色[*]、纯黑色[*] 纯艺术[甲]、纯知识[甲]、纯科学[甲]、纯精神[甲]、纯理论[乙]、纯物质[乙]、纯形式[乙]、纯逻辑[丙] 纯利润[丙]、纯收益[丁]			
12	粗[乙]$_1$	条状物的横剖面大；长条形的两边的距离不十分近	粗脖子[乙]、粗辫子[丁]、粗胡子[乙]、粗骨[丁]、粗腿[甲] 粗绳子[乙]、粗针[乙]、粗线[乙]、粗竹子[乙]、粗棍子[丙]、粗木棍[*]、粗木棒[*]、粗树干[丁]、粗枝[丙]			

续表

序号	词项	释义	词语搭配	具有文化含义的形名搭配示例		
				汉语	英语	俄语
13	粗[乙]$_4$	粗糙	粗饭[甲]、 粗面[乙]、 粗茶[甲]、 粗点心[甲]、 粗盐[乙]、 粗饲料[丁] 粗产品[乙]、 粗呢子[*]、 粗席子[*]、 粗碗[甲]		coarse fish（指肉质粗糙的淡水鱼）	
14	大[甲]$_1$	在体积、面积、数量、力量、强度等方面超过一般或超过所比较的对象	大科学家[乙]、 大诗人[丙]、 大英雄[乙]、 大演员[乙]、 大老板[乙]、 大地主[丙]、 大官僚[丁]、 大特务[丙]、 大坏蛋[丙] 大眼睛[甲]、 大鼻子[乙]、 大耳朵[乙]、 大嘴巴[丁]、 大脑袋[乙]、 大尾巴[乙]、 大辫子[丁]、 大胖子[丁]	大嘴巴 大杂烩 大王八 大舌头 大手笔 大红人	big cat 大型猫科动物（如狮、虎和豹） big time（指在娱乐行业的）巨大成功	

续表

序号	词项	释义	词语搭配	具有文化含义的形名搭配示例		
				汉语	英语	俄语
			大狗[乙]、大蛇[乙]、大兔子[乙]、大青蛙[丙]、大蜘蛛[丁] 大萝卜[乙]、大苹果[甲]、大西瓜[乙]、大葫芦[丁]、大槐树[丁] 大城市[甲]、大公园[甲]、大花园[乙]、大教堂[丙]、大商场[乙]、大商店[甲]、大院子[乙]、大房间[甲] 大床[甲]、大桌子[甲]、大椅子[甲]、大笼子[丙]、大箱子[乙]			

续表

序号	词项	释义	词语搭配	具有文化含义的形名搭配示例		
				汉语	英语	俄语
			大草原[乙]、大平原[乙]、大山脉[乙]、大池塘[丁]、大油田[丙] 大社会[甲]、大国[甲]、大部门[乙]、大单位[乙] 大变化[甲]、大成绩[甲]、大成就[乙]、大贡献[乙]、大希望[甲]、大发现[甲]、大项目[乙]、大容量[丁]、大规模[乙]、大幅度[丁] 大悲剧[丁]、大错误[甲]、大问题[甲]、大阴谋[丙]、大灾难[丙]			

续表

序号	词项	释义	词语搭配	具有文化含义的形名搭配示例		
				汉语	英语	俄语
15	单$^{乙}_{1}$	属性词，跟“双”相对；属性词，奇数的	单眼皮*、单手[甲]、单臂[丁]、单辫子[丁] 单侧[甲]、单块[甲]、单鼓[乙]、单管[乙]、单环[乙]、单孔[乙]、单瓣[丙]、单翼[丁]、单分子[丙]			
16	单$^{乙}_{2}$	属性词，只有一层的	单背心[丙]、单皮鞋*、单裤子[乙]、单帽子[甲]、单裙子[乙]、单袜子[甲]			
17	淡$^{乙}_{3}$	颜色浅	淡颜色[甲]、淡白色*、淡红色*、淡橘色*、淡绿色*、淡褐色*、淡灰色*、淡蓝色*、淡紫色*、淡棕色*			

续表

序号	词项	释义	词语搭配	具有文化含义的形名搭配示例		
				汉语	英语	俄语
18	低$^{甲}_{1}$	形容从下向上的距离小，离地面近的	低坡[乙]、低田[乙]、低枝[丙]、低单杠*、低轨道[丙]、低雷[乙]			
19	低$^{甲}_{2}$	在一般标准或平均程度之下	低工资[乙]、低收入[乙]、低成本[丙]、低价格[乙]、低利润[丙]、低产量[乙]、低效率[乙]、低质量[乙]、低水平[甲]、低层次[丁] 低浓度[丁]、低温度[乙]、低盐[乙]、低毒[丙]、低脂肪[丁]			
20	毒$^{丙}_{1}$	毒辣；猛烈	毒鱼[甲]、毒龙[乙]、毒爪[丁] 毒太阳[甲]、毒兵器*、毒弹[乙]、毒火[乙]、毒箭[乙]			

续表

序号	词项	释义	词语搭配	具有文化含义的形名搭配示例		
				汉语	英语	俄语
21	短[甲]$_{1a}$	两端之间的距离小，指空间	短眉毛[丙]、短胡子[乙]、短头发[乙]、短尾巴[乙]、短腿[甲] 短外衣[丙]、短裙子[乙]、短上衣[乙]、短风衣[*]、短裤子[乙] 短墙[甲]、短蜡烛[丙]、短刀[甲]、短枪[乙]、短鞭子[丁] 短轨道[丙]、短跑道[丁]、短距离[乙]		short book 薄书	короткий ум （短智慧） 头脑简单
22	短[甲]$_{1b}$	两端之间的距离小，指时间	短时间[甲]、短时期[乙]、短新闻[甲]、短周期[丁]			

续表

序号	词项	释义	词语搭配	具有文化含义的形名搭配示例		
				汉语	英语	俄语
23	恶[丙]$_1$	凶恶；凶狠；凶猛	恶风[甲]、恶税[丙]、恶讯[丁]、恶病[甲]、恶症[丁]、恶敌[丁]、恶势力[丙]、恶念头[丁]			
24	方[乙]$_1$	四个角都是90°的四边形或六个面都是方形的六面体	方下巴[*] 方窗[甲]、方盒[乙]、方壶[乙]、方孔[乙]、方盘[丙]、方纸[甲]、方桌子[甲]			
25	肥[乙]$_1$	含脂肪多，除“肥胖、减肥”外，一般不用于人	肥脸[甲]、肥婆[*] 肥鹅[乙]、肥鸡[甲]、肥狗[乙]、肥马[甲]、肥骆驼[丙]、肥鹿[丁]		fat cat 大亨、阔佬	жирный кусок（一块肥肉）油水；厚利

续表

序号	词项	释义	词语搭配	具有文化含义的形名搭配示例		
				汉语	英语	俄语
26	副乙 1	属性词，居第二位的；辅助的	副主席乙、副总理乙、副部长乙、副局长乙、副院长乙、副县长丁、副厂长丙、副队长乙、副班长乙、副经理乙、副主任乙、副书记乙、副教授乙 副主题丁			
27	干乙 1	没有水分或水分很少	干衣服甲、干衣裳丁、干毛巾乙、干抹布丁 干面包甲、干馒头乙、干姜丁、干辣椒丙、干蘑菇丁 干河甲、干塘丁、干草原乙 干高粱丙、干叶子乙、干树枝*、干种子丙		dry coll 干电池 dry goods 干货、纺织品（如衣服、被单等） dry run 排练、演习	сухое вино（干葡萄酒）纯葡萄酒 сухой туман（干雾）烟尘；尘雾

续表

序号	词项	释义	词语搭配	具有文化含义的形名搭配示例		
				汉语	英语	俄语
28	干$^{乙}_{3}$	属性词，指拜认的亲属关系	干爷爷[乙]、 干姥姥[丙]、 干爸爸[甲]、 干娘[丙]、 干哥哥[甲]、 干姐姐[甲]、 干弟弟[甲]、 干妹妹[甲]、 干儿子[甲]、 干闺女[丁]			
29	高$^{甲}_{1}$	从下向上的距离大；离地面远	高椅子[甲]、 高桌子[甲]、 高楼[甲]、 高墙[甲]、 高房子[乙] 高平原[甲]、 高坡[乙]、 高丘陵[丙]、 高崖[丁]	高帽子		

续表

序号	词项	释义	词语搭配	具有文化含义的形名搭配示例		
				汉语	英语	俄语
30	高甲2	在一般标准或平均程度之上的	高鼻子乙、高身材丙 高要求甲、高水平甲、高标准乙、高评价丙、高层次丁、高档次丁、高风险丁、高难度丁、高频率丁、高效率乙、高利润丙、高产值丙、高质量乙、高能量丙、高电压丙、高体温丙、高温度乙、高速度乙、高工资乙、高价格乙、高物价乙、高税收丁、高学历丁	高姿态	high life 豪华的生活；灯红酒绿的生活 high point 最有意思（最令人愉快的、最好的）部分 high road 公路干线；交通要道 high street 大街 high tea 傍晚前后吃的膳食，通常有茶，代替晚上正餐	

续表

序号	词项	释义	词语搭配	具有文化含义的形名搭配示例		
				汉语	英语	俄语
31	公$^{丙}_{1}$	属性词，雄性的禽兽，跟“母”相对	公猪[甲]、公狗[乙]、公鹅[乙]、公鸽子[丙]、公狐狸[丁]、公羊[甲]、公象[乙]			
32	古$^{乙}_{1}$	历经多年的	古大陆[乙]、古长城*、古井[乙]、古寺[丁] 古柏树[丙]、古松[乙]、古柳*、古槐[丁]、古藤[丁] 古剑*、古镜*、古瓶[甲]、古钱[甲]			

续表

序号	词项	释义	词语搭配	具有文化含义的形名搭配示例		
				汉语	英语	俄语
33	怪$^{乙}_{1}$	奇怪	怪孩子[甲]、 怪家伙[丙]、 怪样子[甲]、 怪模样[乙]、 怪脾气[乙] 怪东西[甲]、 怪事情[甲]、 怪现象[乙]、 怪问题[甲]、 怪声音[甲]、 怪味儿[丙]、 怪想法[乙]、 怪念头[丁]			
34	光$^{乙}_{1}$	光滑； 光溜	光脑袋[乙]、 光胳膊[乙]、 光屁股[丙]、 光身子[丙]			

续表

序号	词项	释义	词语搭配	具有文化含义的形名搭配示例		
				汉语	英语	俄语
35	好甲1	优点多；使人满意的	好父亲甲、好哥哥甲、好孩子甲、好姑娘甲、好儿子甲 好青年甲、好同学甲、好战士乙、好老师甲、好医生甲 好习惯甲、好心情乙、好性格乙、好脾气乙 好东西甲、好衣服甲、好茶甲、好书甲、好乐器丙 好地方乙、好学校甲、好单位乙、好医院甲、好剧院丙	好苗子	good time 愉快的时间、令人满意的时间 good name 好名声、好声誉	

续表

序号	词项	释义	词语搭配	具有文化含义的形名搭配示例		
				汉语	英语	俄语
			好环境[乙]、好风景[乙]、好时代[乙]、好形势[乙]、好社会[甲]、好政策[乙]、好生活[甲]、好风气[丙]、好办法[甲]、好经验[甲] 好作品[乙]、好新闻[甲]、好文章[甲]、好剧本[丁]、好题材[丁]			
36	好[甲]$_3$	友爱；和睦	好朋友[甲]、好邻居[乙]、好伙伴[丙]、好同学[甲]、好同事[丁]			

续表

序号	词项	释义	词语搭配	具有文化含义的形名搭配示例		
				汉语	英语	俄语
37	黑[甲][1]	像煤或墨的颜色	黑脑袋[乙]、黑眼睛[甲]、黑眉毛[丙]、黑头发[乙]、黑胡子[乙]、黑皮肤[乙]、黑老头[乙]、黑胖子[丁]、黑孩子[甲] 黑蚂蚁[丁]、黑蝴蝶[丙]、黑驴[丙]、黑鸡[甲]、黑牛[甲]、黑尾巴[乙]、黑羊[甲]、黑猪[甲] 黑花[甲]、黑葡萄[丙]、黑蘑菇[丁]	黑名单 黑苗子	black coffee不加牛奶的咖啡 black ice 黑冰（路面上很薄的冰层） black Maria 囚车 black sheep 有辱家族的人；害群之马 black spot 事故多发区；问题成堆的状况；问题焦点	чёрная изба（黑农舍）没有烟囱的农舍 чёрный ворон（黑乌鸦）<旧>囚车 чёрные мысли（黑色的思绪）忧郁的思绪 чёрная судьба（黑色的命运）不幸的命运 чёрное кофе（黑咖啡）纯咖啡

续表

序号	词项	释义	词语搭配	具有文化含义的形名搭配示例		
				汉语	英语	俄语
			黑衣服[甲]、黑上衣[乙]、黑布[甲]、黑裤子[乙]、黑帽子[甲]、黑皮鞋[*]、黑伞[乙]、黑围巾[丙]、黑制服[丁]、黑手巾[丁]、黑手套[乙]、黑袜子[甲]、黑西服[丙]、黑提包[丙] 黑颜色[甲]、黑宝石[丙]、黑棺材[丁]、黑火药[丙]、黑墨水[乙]、黑球[甲]、黑石头[乙]、黑烟[丙]、黑云[甲]、黑纸[甲]			

续表

序号	词项	释义	词语搭配	具有文化含义的形名搭配示例		
				汉语	英语	俄语
38	黑$_{2}^{甲}$	黑暗	黑窗口^{丙}、黑地方^{乙}、黑洞^{乙}、黑房间^{甲}、黑房子^{乙}、黑角落^{丙}、黑窟窿^{丙}、黑屋子^{甲}			
39	黑$_{3}^{甲}$	反动的、不好的、不公开的	黑党员^{乙}、黑嘴^{甲}、黑笔^{甲}、黑信^{甲}、黑书^{甲}、黑画^{甲}、黑电话^{甲}、黑标语^{丙}、黑文章^{甲}、黑点子^{丁}、黑后台^{丁}、黑俱乐部^{乙}、黑风^{甲}			
40	黑$_{4}^{甲}$	坏；狠毒	黑老大*、黑老总*、黑商人^{丙}、黑律师^{丁}、黑心肠*、黑爪^{丁}			

续表

序号	词项	释义	词语搭配	具有文化含义的形名搭配示例		
				汉语	英语	俄语
41	横丁1	跟地平面平行的；地理上东西向的；跟物体的长的一边垂直的	横床甲、横板乙、横墙甲、横壁丙、横坡乙、横枝丙、横格丁、横纹*、横线乙			
42	红甲1	像鲜血的颜色	红眼睛甲、红胡子乙、红眉毛丙、红鼻子乙、红嘴唇丙、红舌头乙、红脖子乙、红辫子丁、红头发乙、红衣服甲、红毛衣乙、红旗袍丙、红裙子乙、红背心丙、红围巾丙、红皮带丁、红绸子丁、红布甲、红皮鞋*		red cent 很少的钱 red-eye 夜间航班；红眼夜航 red-neck 乡巴佬、农民、红脖人 red-letter day重要的纪念日；喜庆日 pink Lady（红粉佳人），指一种鸡尾酒	красная строка（一行红字）文章段落的第一行；标题行 красный уголок（红角）机关宿舍等辟出进行文化、教育活动的场所 красная цена（红色价格）最高价

续表

序号	词项	释义	词语搭配	具有文化含义的形名搭配示例		
				汉语	英语	俄语
			红蜡烛[丙]、 红墨水[乙]、 红球[甲]、 红气球[丁]、 红铅笔[甲]、 红本[甲]、 红灯笼[丙]、 红房子[乙]、 红烟囱[丙]、 红油漆[丁] 红草莓[*]、 红橘子[甲]、 红苹果[甲]、 红柿子[*]、 红玫瑰[丁] 红蜻蜓[丁]、 红蜘蛛[丁]、 红鱼[甲]、 红鲤鱼[*]、 红马[甲] 红颜色[甲]、 红橙色[*]、 红黄色[丙]、 红紫色[*]、 红棕色[*]			

续表

序号	词项	释义	词语搭配	具有文化含义的形名搭配示例		
				汉语	英语	俄语
43	厚[乙]$_1$	扁平物的上、下两面之间的距离大	厚嘴唇[丙] 厚衣服[甲]、厚大衣[乙]、厚棉衣[乙]、厚毯子[乙]、厚袜子[甲]、厚靴子[丁]、厚布[甲] 厚板[乙]、厚冰[乙]、厚土[乙]、厚雪[甲]、厚云[甲]、厚纸[甲]			толстый журнал（厚杂志）篇幅较大的文艺、社会政治性月刊
44	花[甲]$_1$	形容颜色或种类错杂	花袄[丁]、花布鞋*、花绸子[丁]、花短裤*、花手绢[乙]、花裙子[乙]、花上衣[乙]、花手帕[乙]、花毯子[乙] 花翅膀[乙]、花鸽子[丙]、花蝴蝶[丙]	花架子		

续表

序号	词项	释义	词语搭配	具有文化含义的形名搭配示例		
				汉语	英语	俄语
45	坏$^{甲}_{1}$	缺点多的；使人不满意的	坏地方[乙]、坏老鼠[丁] 坏思想[甲]、坏天气[甲]、坏习惯[甲]、坏消息[甲]、坏事情[甲]、坏信息[丙]		bad language 脏话；冒犯人（或咒骂人）的话	
46	坏$^{甲}_{2}$	不健康的；有害的，无用的；腐败变质的	坏豆腐[乙]、坏鸡蛋[甲]、坏苹果[甲]、坏衣服[甲]、坏西服[丙]、坏鞋[甲] 坏机器[甲]、坏手表[甲]、坏家具[乙]、坏房子[乙]、坏照片[乙]、坏录音机[乙]			

续表

序号	词项	释义	词语搭配	具有文化含义的形名搭配示例		
				汉语	英语	俄语
47	坏$^{甲}_{3}$	品质恶劣的；起坏作用的	坏分子[丙]、坏干部[甲]、坏孩子[甲]、坏家伙[丙]、坏小子[丁]、坏女人[乙]、坏朋友[甲]、坏学生[甲] 坏风气[丙]、坏名声[丁]、坏脾气[乙]、坏品性[丁]、坏行为[丙]、坏影响[甲]、坏主意[甲]、坏作风[丙]			

续表

序号	词项	释义	词语搭配	具有文化含义的形名搭配示例		
				汉语	英语	俄语
48	黄[甲]$_{1}$	像丝瓜或向日葵花的颜色	黄皮肤[乙]、黄眼睛[甲]、黄头发[乙] 黄狗[乙]、黄马[甲]、黄狼[乙]、黄蝴蝶[丙]、黄鸟[乙]、黄蛇[乙] 黄军装[丁]、黄大衣[乙]、黄帽子[甲]、黄绸子[丁]、 黄颜色[甲]、黄东西[甲]、黄手绢[乙]、黄雨伞[丁]、黄灯[甲]、黄瓦[丙]、黄牌子[丙]、黄油漆[丁]、黄涂料[*]、黄线[乙]、 黄烟[丙]、黄雾[乙]、黄粉[丙]、黄风[甲]、黄灰[丙]		a yellow dog 可鄙的人 a yellow livered 胆小鬼	жёлтый дом （黄色的房子） 疯人院

续表

序号	词项	释义	词语搭配	具有文化含义的形名搭配示例		
				汉语	英语	俄语
49	灰$^{乙}_{1}$	像草木灰的颜色，介于黑色和白色之间	灰东西^{甲} 灰衣服^{甲}、灰军装^{丁} 灰鸽子^{丙}、灰兔子^{乙}、灰猴子^{乙}、灰驴^{丙}、灰马^{甲} 灰雾^{乙}、灰云^{甲} 灰褐色*、灰黑色*、灰蓝色*、灰紫色*		grey area 灰色地带，中间区域 grey matter （人的）头脑	серые люди （灰色的人）文化程度低的人
50	活$^{丙}_{1}$	活动；灵活；有生命的	活孩子^{甲} 活羊^{甲}、活猪^{甲}、活老虎^{乙} 活思想^{甲}、活证据^{丙}、活灵魂^{丙}、活标本^{丁}、活棺材^{丁}、活宝贝^{丁}		a live wire （活电线）活跃而精力充沛的人；生龙活虎的人 living will （尤指要求在病入膏肓时不再医治的）生前嘱咐，遗嘱	живая очередь （活队伍）必须有人的，离开无效的排队等候 живое предание （活故事）一代代口耳相传的故事

续表

序号	词项	释义	词语搭配	具有文化含义的形名搭配示例		
				汉语	英语	俄语
51	假$^{乙}_{1}$	虚伪的；不真实的；伪造的；人造的	假鼻子[乙]、假胡子[乙]、假手[甲]、假脚[甲]、假朋友[甲]、假夫妻[丙]、假和尚[丁] 假材料[乙]、假茶叶[丙]、假黄金[丁]、假宝石[丙]、假货物[丙]、假商标[丁]、假钞票[丙]、假地址[乙]、假发票[丁]、假广告[乙]、假文凭[丁]、假执照[丁] 假情况[甲]、假新闻[甲]、假信息[丙]、假报告[乙]	假李逵		ложное положение（假处境）尴尬的处境 ложный шаг（假的一步）失误；冒失行为

续表

序号	词项	释义	词语搭配	具有文化含义的形名搭配示例		
				汉语	英语	俄语
52	尖乙1	末端细小；尖锐	尖牙齿丙、尖脑袋乙、尖指甲丁、尖爪子*、尖嘴巴丁 尖刺儿丁、尖辣椒丙、尖帽子甲、尖石头乙、尖叶子乙			
53	净丙1	清洁；干净	净产值丙、净利润丙、净米乙、净肉甲、净商品乙、净收入乙、净盈利丁、净支出丁			чистые деньги（净钱）现款

续表

序号	词项	释义	词语搭配	具有文化含义的形名搭配示例		
				汉语	英语	俄语
54	旧甲1	过去的；过时的 曾经有过的；以前的	旧警察乙、旧军队乙、旧军阀丁、旧邻居乙、旧贵族丁 旧事物乙、旧传统乙、旧道德乙、旧观念丙、旧风俗乙、旧习俗丁、旧习惯甲、旧思想甲、旧作风丙、旧势力丙 旧格局丁、旧基础甲、旧体制丁、旧模式丁、旧经验甲、旧理论乙、旧文化甲、旧形式乙			

续表

序号	词项	释义	词语搭配	具有文化含义的形名搭配示例		
				汉语	英语	俄语
			旧意识[丙]、旧脑筋[丙]、旧矛盾[乙] 旧制度[乙]、旧政治[甲]、旧秩序[乙]、旧法律[乙] 旧房间[甲]、旧房子[乙]、旧学校[甲]、旧企业[乙]、旧书店			
55	旧[甲][2]	因经过长时间或经过使用而变色或变形的	旧衣服[甲]、旧衬衫[乙]、旧大衣[乙]、旧军装[丁]、旧裤子[乙]、旧毛巾[乙]、旧袜子[甲] 旧东西[甲]、旧桌子[甲]、旧椅子[甲]、旧报纸[乙]、旧词典[甲] 旧机器[甲]、旧设备[乙]、旧汽车[甲]			

续表

序号	词项	释义	词语搭配	具有文化含义的形名搭配示例		
				汉语	英语	俄语
56	空$^{乙}_{1}$ kōng	不包含什么；里面没有东西；不切实际的	空道理^{甲} 空屋子^{甲}、空墙^{甲}、空床^{甲}、空椅子^{甲}、空座位^{乙} 空杯子^{甲}、空罐头^{乙}、空口袋^{乙}、空篮子^{丙}、空棺材^{丁}			пустое место（空位置）微不足道的人；毫无作用的人 пустой чай（空茶）不放糖的茶
57	蓝$^{甲}_{1}$	像晴天天空的颜色	蓝眼睛^{甲}、蓝蝴蝶^{丙}、蓝孔雀^{丁} 蓝裤子^{乙}、蓝裙子^{乙}、蓝警服*、蓝布^{甲}、蓝缎子^{丁}、蓝毛巾^{乙} 蓝海^{甲}、蓝线^{乙}、蓝烟^{丙}、蓝云^{甲}、蓝纸^{甲}、蓝玻璃^{乙}		blue baby（蓝色婴儿）患有先天性心脏病的婴儿 blue riband（蓝绶带）冠军荣誉	голубая кровь（蓝色血液）贵族出身 синяя птица（蓝鸟）幸福鸟、爱情鸟

续表

序号	词项	释义	词语搭配	具有文化含义的形名搭配示例		
				汉语	英语	俄语
58	烂[乙]$_2$	腐烂	烂菜[甲]、烂土豆[乙]、烂萝卜[乙] 烂叶子[乙]、烂草[甲]、烂谷子[丙] 烂水果[甲]、烂苹果[甲]、烂西瓜[乙]、烂杏[丁]			
59	烂[乙]$_3$	破碎；破烂	烂东西[甲]、烂被子[乙]、烂布[甲]、烂棉花[乙]、烂衣服[甲]、烂袜子[甲]	烂摊子		

续表

序号	词项	释义	词语搭配	具有文化含义的形名搭配示例		
				汉语	英语	俄语
60	老[甲]$_1$	年岁大	老夫妻[丙]、老爱人[甲]、老父亲[甲]、老阿姨[乙] 老模范[丙]、老英雄[乙]、老首长[丁]、老将军[丙]、老部长[乙]、老校长[乙] 老中医[丙]、老教授[乙]、老编辑[丙]、老导演[丙]、老裁缝[丙]、老工人[甲]、老同志[甲]、老先生[甲]、老师傅[甲]、老和尚[丁]、老地主[丙] 老狗[乙]、老猫[乙]、老槐树[丁]、老柳树[丙]、老桑树[丁]、老杨树[丁]、老榆树[丁]	老油条 老狐狸 老皇历 老鼻子 老泰山	the old bill 警方 old boy 校友；老人、老头 old girl 女校友；老婆婆 old glory 古老的荣誉（指美国国旗） old dog 老手	

续表

序号	词项	释义	词语搭配	具有文化含义的形名搭配示例		
				汉语	英语	俄语
61	老$^{甲}_{2}$	很久以前就存在的、陈旧、原来的	老基地[丙]、老饭店[甲]、老房子[甲]、老矿区[丁]、老企业[乙]、老工业[甲] 老商品[乙]、老产品[乙]、老牌子[丙]、老设备[乙] 老朋友[甲]、老同学[甲]、老邻居[乙]、老下级[丁] 老脑筋[丙]、老习惯[甲]、老印象[乙]、老样子[甲]、老调子*、老经验[甲]、老法子[丙]、老路子[丁]、老故事[甲]、老道理[甲]、老位置[乙]、老题目[乙]、老问题[甲]			

续表

序号	词项	释义	词语搭配	具有文化含义的形名搭配示例		
				汉语	英语	俄语
62	冷$^{甲}_{1}$	温度低；感觉温度低	冷床^{甲}、冷地板^{丙}、冷馒头^{甲}、冷毛巾^{乙}、冷饭^{甲} 冷色调*、冷雾^{乙}、冷雨^{甲}、冷月^{甲}、冷云^{甲}、冷灶^{丁}	冷板凳	cold comfort 于事无补的安慰	
63	良$^{丁}_{1}$	好	良马^{甲}、良鸟^{乙}、良田^{乙}、良苗^{丙} 良弓^{丙}、良法^{丁}、良计^{丙}、良训^{丁}、良俗^{丁}、良族^{丁}			
64	亮$^{甲}_{1}$	光线强；颜色鲜亮	亮线^{乙}、亮斑^{丁}、亮点子^{丁}、亮星^{丁} 亮白色*、亮黄色^{丙}、亮绿色*、亮蓝色*			свеятлая жизнь（亮生活）幸福生活

续表

序号	词项	释义	词语搭配	具有文化含义的形名搭配示例		
				汉语	英语	俄语
65	绿[甲]$_{1}$	像草或树叶茂盛时的颜色	绿树[甲]、 绿草[甲]、 绿柳[*]、 绿海[甲]、 绿浪[乙]、 绿湖[甲] 绿衣服[甲]、 绿衬衫[甲]、 绿大衣[乙]、 绿裙子[甲]、 绿军装[*]、 绿军服[*]、 绿绸子[丁] 绿颜色[甲]、 绿房子[甲]、 绿玻璃[乙]、 绿油漆[丁]、 绿窗户[甲]、 绿门[甲]、 绿墙[甲]、 绿旗[甲]、 绿伞[乙]、 绿电钮[丁]、 绿灯光[*]、 绿车[甲]、 绿钞票[丙]	绿帽子	green room（剧场、电视演播室等的）演员休息室	зелёная тоска（绿色的寂寞）〈口〉难熬的寂寞 зелёный стол（绿桌子）赌桌 зелёные глаза（绿眼睛）指具有诱惑力的迷人的眼睛 зелёный юноша（绿色的青年）小年轻 золотое время（绿色时光）幸福的时光

续表

序号	词项	释义	词语搭配	具有文化含义的形名搭配示例		
				汉语	英语	俄语
66	乱[甲][1]	没有秩序；没有条理	乱头发[乙]、乱坟[丙]、乱箭[乙]、乱棉花[乙]、乱石头[乙]			
67	满[甲][2]	全；整个	满嘴[甲]、满口[甲]、满脑子[乙]、满手[甲]、满脚[甲]、满身[乙] 满沟[丙]、满河[甲]、满湖[甲]、满江[甲]、满山[甲]、满天[甲]、满田[乙]、满坡[乙]、满岛[乙]、满厂*、满市[甲]		full house（剧院、电影院等）满座、客满	полня чаша（满碗）非常富有

续表

序号	词项	释义	词语搭配	具有文化含义的形名搭配示例		
				汉语	英语	俄语
			满船[甲]、 满车[甲]、 满窗[甲]、 满床[甲]、 满地[甲]、 满街[甲]、 满坑[丙]、 满盆[乙]、 满墙[甲]、 满树[甲]、 满屋[乙]、 满院子[乙]			
68	美$_1^{乙}$	美丽；好看	美妇人[丙]、 美妻*、 美妾*、 美少年[乙] 美境*、 美图[乙]			
69	母$_1^{乙}$	属性词，雌性的，跟“公”相对	母牛[甲]、 母马[甲]、 母骆驼[丙]、 母狗[乙]、 母猪[甲]、 母鸡[甲]、 母羊[甲]	母老虎		

续表

序号	词项	释义	词语搭配	具有文化含义的形名搭配示例		
				汉语	英语	俄语
70	男甲1	属性词，男性	男记者乙、男法官丁、男翻译甲、男教师乙、男演员乙、男作家乙、男军人丙、男老板乙、男学生甲、男病人乙 男家长丁、男同学甲、男同志甲 男西裤*、男皮鞋*、男手套乙、男表甲			
71	嫩丙1	初生而柔弱；娇嫩	嫩树叶*、嫩黄瓜乙、嫩鸡肉*、嫩树皮*、嫩苗丙、嫩芹菜丁、嫩肉甲			

续表

序号	词项	释义	词语搭配	具有文化含义的形名搭配示例		
				汉语	英语	俄语
72	浓$^{乙}_{1}$	液体或气体中所含的某种成分多；稠密	浓咖啡[甲]、浓茶[甲]、浓硫酸[丁]、浓溶液[丙]			
73	女$^{甲}_{1}$	属性词，女性	女大夫[甲]、女导演[丙]、女法官[丁]、女翻译[甲]、女律师[丁]、女编辑[丙]、女记者[乙]、女医生[甲]、女教师[乙]、女厨师[丁]、女工人[甲]、女护士[乙]、女秘书[丙]、女司机[乙] 女作家[乙]、女诗人[丙]、女英雄[乙]、女军人[丙]、女学生[甲]、女博士[丙]、			

续表

序号	词项	释义	词语搭配	具有文化含义的形名搭配示例		
				汉语	英语	俄语
			女歌星[丁]、 女演员[乙]、 女青年[甲]、 女经理[乙]、 女病人[乙]、 女干部[甲]、 女邻居[乙]、 女同学[甲]、 女同志[甲] 女上衣[乙]、 女裤*、 女包[乙]、 女皮鞋* 女宿舍[甲]、 女浴室[丙]			
74	胖$_1$[乙]	人体脂肪多，肉多	胖脸[甲]、 胖阿姨[乙]、 胖妇人[丙]、 胖姑娘[甲]、 胖老头[乙]、 胖媳妇[丙]、 胖孙子[丙]、 胖娃娃[丙]、 胖小姐[甲]、 胖小子[丁]、 胖团长[丙]			

续表

序号	词项	释义	词语搭配	具有文化含义的形名搭配示例		
				汉语	英语	俄语
75	破$^{甲}_{1}$	受过损伤的；破烂的	破袄[丁]、 破口袋[乙]、 破裤子[乙]、 破毛巾[乙]、 破帽子[甲]、 破被子[乙]、 破裙子[乙]、 破袜子[甲]、 破衣服[甲] 破报纸[乙]、 破箱子[乙]、 破枪[乙]、 破沙发[乙]、 破扇子[丙]、 破书[甲]、 破碗[甲]、 破桌子[甲]、 破自行车[甲]、 破瓶子[乙] 破仓库[丙]、 破房子[甲]、 破屋子[甲]、 破院子[乙]			
76	浅$^{甲}_{1}$	从下到上或从外到里的距离小	浅草[甲]、 浅碟子[丁]、 浅沟[丙]、 浅盘[丙]、 浅水洼[*]、 浅潭[丁]、 浅雾[乙]			

续表

序号	词项	释义	词语搭配	具有文化含义的形名搭配示例		
				汉语	英语	俄语
77	浅$^{甲}_{5}$	颜色淡	浅红色*、浅绿色*、浅蓝色*、浅紫色*、浅粉色*、浅褐色*、浅灰色*、浅咖啡色*、浅棕色*			
78	强$^{乙}_{1}$	力量大	强风暴^{丁}、强光线^{乙}、强辐射^{丁} 强硫酸^{丁}、强碱^{丙} 强国^{甲}、强族^{丁}、强军^{乙}、强省^{甲}、强市^{甲}			сильные слова（脏话）骂人的话
79	亲$^{丙}_{2}$	属性词，血统最接近的	亲爸爸^{甲}、亲弟弟^{甲}、亲哥哥^{甲}、亲妈妈^{甲}、亲妹妹^{甲}、亲叔叔^{乙}、亲爷爷^{乙}、亲侄子^{丁}			

续表

序号	词项	释义	词语搭配	具有文化含义的形名搭配示例		
				汉语	英语	俄语
80	青乙1	蓝色或绿色	青白色*、青黄色丙、青灰色*、青绿色*、青紫色*、青蓝色* 青橄榄*、青辣椒丙、青柿子* 青狗乙、青饲料丁、青雾乙、青树甲、青枝*			синий чулок（青色的袜子）〈口语〉女学究

续表

序号	词项	释义	词语搭配	具有文化含义的形名搭配示例		
				汉语	英语	俄语
81	穷$^{乙}_{1}$	生活贫困，缺少钱财	穷日子[甲]、穷地方[乙]、穷村子[丙]、穷县[乙]、穷乡[乙] 穷百姓[*]、穷家[甲]、穷哥们[*]、穷孩子[甲]、穷家伙[丙] 穷朋友[甲]、穷小子[丁]、穷学生[甲] 穷教师[乙]、穷演员[乙]、穷知识分子[丙]		poor relation 略逊一筹的事物；不受青睐的事物	

续表

序号	词项	释义	词语搭配	具有文化含义的形名搭配示例		
				汉语	英语	俄语
82	全[甲]$_2$	整个	全宇宙[丙]、全世界[甲]、全岛[乙]、全州[丁]、全国[甲] 全市[甲]、全城[甲]、全区[乙]、全县[乙]、全镇[丙]、全公社[丁]、全乡[乙]、全街[甲]、全园[丁] 全船[甲]、全车[甲]、全楼[甲]、全屋[乙] 全师[丁]、全团[乙]、全营[丁] 全年[甲]、全季[丙]、全天[甲]、全月[甲]			

续表

序号	词项	释义	词语搭配	具有文化含义的形名搭配示例		
				汉语	英语	俄语
83	热$^{甲}_{1}$	温度高；感觉温度高	热东西^{甲}、 热包子^{乙}、 热饭^{甲}、 热菜^{甲}、 热咖啡^{甲}、 热牛奶^{甲}、 热粥^{丙}、 热开水^{丙}、 热空气^{甲}、 热毛巾^{乙}、 热泉^{丁}、 热雾^{乙}		hot air 夸夸其谈；大话；空话 hot dog 热狗（香肠面包）；（滑雪或冲浪时）表演技巧（或惊险动作）的人	
84	软$^{乙}_{2}$	柔和	软毛巾^{乙}、 软布^{甲}、 软毛^{乙}、 软皮^{乙}、 软床^{甲}、 软纸^{甲}、 软铅笔^{甲}、 软沙发^{乙}	软刀子	soft porn 软色情作品	
85	弱$^{乙}_{1}$	形容力气小，势力小	弱女子^{丙}、 弱敌^{丁}、 弱军^{乙}、 弱势力^{丙} 弱气流^{丁}、 弱毒^{丙}、 弱碱^{丙}、 弱酸^{甲}			

续表

序号	词项	释义	词语搭配	具有文化含义的形名搭配示例		
				汉语	英语	俄语
86	傻$^{乙}_{1}$	头脑糊涂，不明事理	傻儿子[甲]、傻孩子[甲]、傻哥哥[甲]、傻小子[丁]、傻丫头[*]			
87	深$^{甲}_{1}$	从上到下或从外到里的距离大	深海[甲]、深港[乙]、深山区[乙]、深沟[丙]			
88	深$^{甲}_{5}$	颜色深	深黑色[*]、深红色[*]、深蓝色[*]、深绿色[*]、深青色[*]、深颜色[甲]、深紫色[*]、深棕色[*]、深黄色[丙]			

续表

序号	词项	释义	词语搭配	具有文化含义的形名搭配示例		
				汉语	英语	俄语
89	湿$^{乙}_{1}$	沾了水的或显出含水分多的	湿衣服[甲]、湿衣裳[丁]、湿毛巾[乙]、湿抹布[丁]、湿布[甲]、湿手套[乙] 湿空气[甲]、湿草[甲]、湿泥[乙]、湿沙[丁]、湿土[乙]		wet blanket（湿毯子）泼冷水的人 wet suit（湿衣服）潜水服	
90	实$^{丁}_{2}$	真实；实在	实兵[乙]、实火[乙]、实货[乙]、实焦点[丁]、实劲[乙]、实境[丙]、实貌*、实线[乙]			
91	瘦$^{乙}_{1}$	人体脂肪少；肉少	瘦老头[乙]、瘦孩子[甲]、瘦男子[丙]、瘦士兵[丙]、瘦脸[甲] 瘦狗[乙]、瘦羊[甲]、瘦猴子[乙]、			

续表

序号	词项	释义	词语搭配	具有文化含义的形名搭配示例		
				汉语	英语	俄语
92	熟$^{甲}_{2}$	食物加热到可以食用的程度	熟菜[甲]、 熟鸡蛋[甲]、 熟肉[甲]、 熟牛肉*、 熟猪肉*、 熟面[乙]			
93	竖$^{丁}_{1}$	跟地面垂直的	竖笛*、 竖格[丁]、 竖筒[丙]、 竖窑[丙]、 竖井[乙]			
94	双$^{丙}_{1}$	属性词，两个、偶数的	双头[甲]、 双唇*、 双耳*、 双手[甲]、 双拳* 双刀[甲]、 双桨*、 双枪[乙]、 双塔[乙]、 双钩[丙]、 双瓣[丙]			

续表

序号	词项	释义	词语搭配	具有文化含义的形名搭配示例		
				汉语	英语	俄语
95	死[丙]$_1$	（生物）失去生命	死孩子[甲]、死苍蝇[丙]、死老鼠[丁]、死狗[乙]、死耗子[*]、死驴[丙]、死猫[乙]、死乌鸦[丁]、死细胞[丙]、死鹿[丁]、死羊[甲]、死鱼[甲]、死猪[甲]	死对头 死脑筋		
96	酸[甲]$_1$	像醋的气味或味道	酸奶油[*]、酸瓜[丙]、酸梨[乙]、酸梅[*]、酸苹果[甲]、酸樱桃[*]、酸柚子[*]、酸桔子[甲]、酸橘子[甲]、酸汁[丁]			

续表

序号	词项	释义	词语搭配	具有文化含义的形名搭配示例		
				汉语	英语	俄语
97	甜$^{乙}_{1}$	像糖和蜜的味道	甜味儿[丙]、甜滋味[丁] 甜面包[甲]、甜蒜[丁]、甜蜂蜜[丁] 甜玉米[乙]、甜橙*、甜甘蔗[丁]、甜樱桃*		sweet potato 红薯；甘薯	
98	同$^{乙}_{1}$	相同；一样	同村*、同校*、同系[甲]、同行业[丙]、同宿舍[甲] 同时代[乙]、同命运[乙]、同岁[甲]、同性别[丙] 同层次[丁]、同种类[丙]、同型号[丁]			
99	秃$^{丁}_{1}$	人没有头发；鸟兽头或尾没有毛	秃斑[丁]、秃和尚[丁]、秃毛[乙]、秃脑门*、秃下巴*			

续表

序号	词项	释义	词语搭配	具有文化含义的形名搭配示例		
				汉语	英语	俄语
100	土$^{丙}_{1}$	本地的；地方性的；民间的；民间沿用的；非现代化的	土方法[甲]、土办法[甲]、土机器[甲]、土设备[乙]	土皇帝	local call 本地电话；市内电话	
101	稀$^{丙}_{2}$	含水多；稀薄	稀硫酸[丁]、稀米汤[*]、稀粥[丙]、稀溶液[丙]、稀烟[丙]			
102	细$^{甲}_{1}$	（条状物）横剖面小、（长条形）两边的距离近	细脖子[乙]、细眉毛[丙]、细腿[甲]、细尾巴[乙]、细指头[丙] 细草[甲]、细刺[乙]、细根[甲]、细管[乙]、细棍子[丙]、细皮带[丁]、细绳子[乙]、细树枝[*]、细丝[乙]、细纤维[乙]、细针[乙]			

续表

序号	词项	释义	词语搭配	具有文化含义的形名搭配示例		
				汉语	英语	俄语
103	细[甲] $_2$	颗粒小；细微、细小	细汗[乙]、细沙[丁]、细土[乙]、细沙土[丁]、细沙子[丁]、细雪[甲]、细浪[乙]、细颗粒[丁]、细粉[丙]、细粉末[丁]			
104	鲜[乙] $_1$	新鲜①：鲜肉、鲜鱼	鲜肉[甲]、鲜鱼[甲]、鲜虾[丙]、鲜鸡蛋[甲]			
105	鲜[乙] $_2$	新鲜②：鲜花	鲜水果[甲]、鲜菠萝[*]、鲜荔枝[丁]、鲜蘑菇[丁]、鲜枣[丁]、鲜葡萄[丙] 鲜豆子[丙]、鲜姜[丁]、鲜菌、鲜笋[丁]、鲜草[甲]			

续表

序号	词项	释义	词语搭配	具有文化含义的形名搭配示例		
				汉语	英语	俄语
106	咸$^{丙}_{1}$	像盐的味道	咸面包[甲]、咸白菜[乙]、咸萝卜[乙]、咸鱼[甲]、咸肉[甲]、咸鸭蛋*、咸水[甲]			
107	香$^{甲}_{2}$	食物的味道好	香饼[丙]、香蛋糕[乙]、香茶[甲]、香桔子[甲]、香柠檬[丁]、香蘑菇[丁]、香枣[丁]	香饽饽		
108	小$^{甲}_{1}$	在体积、面积、数量、力量、强度等方面不及一般或不及比较的对象	小老师[甲]、小诗人[丙]、小警察[乙]、小英雄[乙]、小战士[乙]、小经理[乙]、小职员[丙]、小工人[甲]、小同学[甲] 小眼睛[甲]、小鼻子[乙]、小胡子[乙]、小手[甲]、小尾巴[乙]	小报告 小辫子 小鞋儿 小算盘 小白脸 小插曲 小动作 小辣椒	small beer/ small potatoes（相比较之下）无足轻重的人（或事物） small talk 寒暄；闲聊；聊天 little people 平民；百姓；小老百姓	

续表

序号	词项	释义	词语搭配	具有文化含义的形名搭配示例		
				汉语	英语	俄语
			小动物[甲]、小苍蝇[丙]、小虫子[乙]、小蜘蛛[丁]、小鸟[乙] 小树林[乙]、小柳树[丙]、小玉米[乙] 小杯子[甲]、小叉子[乙]、小勺子[乙]、小汤勺[*]、小刀子[乙] 小县城[丙]、小村子[丙]、小机场[甲]、小医院[甲]、小银行[甲] 小岛[乙]、小河流[丙]、小湖[甲]、小山沟[丁]、小太阳[甲]			

续表

序号	词项	释义	词语搭配	具有文化含义的形名搭配示例		
				汉语	英语	俄语
			小范围[乙]、 小规模[乙]、 小别扭[丁]、 小问题[甲]、 小误会[乙]、 小意见[甲]、 小建议[乙]、 小经验[甲]、 小麻烦[甲]、 小事情[甲]			
109	邪[丁]$_1$	不正当、不正常	邪病[甲]、 邪毒[丙]、 邪风[甲]、 邪劲[乙]、 邪味[丙]、 邪症[丁]			
110	斜[乙]$_1$	跟平面或直线既不平行也不垂直的	斜边[甲]、 斜顶[乙]、 斜槽[丁]、 斜梯*、 斜轴* 斜后方[丙]、 斜前方[丙]、 斜三角[丁]			

续表

序号	词项	释义	词语搭配	具有文化含义的形名搭配示例		
				汉语	英语	俄语
111	新甲1	刚出现的或刚经验到的；性质上改变最好的	新朋友甲、新同事丁、新教师乙、新客人乙、新排长丁、新战士乙、新战友丙、新县长丁、新学员丙、新校长乙、新主人乙、新总理乙、新总统乙、新贵族丁 新时代乙、新社会甲、新农村甲、新单位乙、新企业乙、新机场甲、新学校甲、新政府甲、新市场乙		new broom 新扫帚，新上任者，新上任官员（可能进行很多变革） new man 新派男子（分担做家务及照顾子女的工作）	

续表

序号	词项	释义	词语搭配	具有文化含义的形名搭配示例		
				汉语	英语	俄语
			新变化[甲]、新发展[甲]、新道路[乙]、新途径[丙]、新办法[甲]、新方法[甲]、新成果[乙]、新成绩[甲]、新贡献[乙]、新胜利[甲]、新经验[甲]、新感觉[乙]、新精神[甲]、新思想[甲]、新规定[乙]、新规律[乙]、新环境[乙]、新计划[甲]、新记录[乙]、新技术[甲]、新理论[乙]、新起点[丁]、新情况[甲]、新任务[乙]			

续表

序号	词项	释义	词语搭配	具有文化含义的形名搭配示例		
				汉语	英语	俄语
112	新[甲][3]	没有用过的	新公园[甲]、新礼堂[乙]、新房间[甲]、新宿舍[甲]、新楼房[丙]、新房子[甲]、新住房[丁]、新住宅[丙]、新饭店[甲]、新饭馆[丙] 新东西[甲]、新衣服[甲]、新棉衣[乙]、新军装[丁]、新毛巾[乙]、新鞋[甲]、新袜子[甲]、新枕头[丙]、新窗帘[丙] 新飞机[甲]、新车[甲]、新乐器[丙]、新工具[乙]、新电池[丙]、新玩具[丁]、新沙发[乙]			

续表

序号	词项	释义	词语搭配	具有文化含义的形名搭配示例		
				汉语	英语	俄语
113	洋[丙]$_{1}$	现代化的	洋老师[甲]、 洋学生[甲]、 洋翻译[甲]、 洋牧师[*]、 洋亲戚[乙]、 洋面包[甲]、 洋米[乙]、 洋面[乙]、 洋纸[甲]、 洋灯[甲]、 洋伞[乙]、 洋玩意儿[*]			
114	野[丁]$_{1}$	属性词，不是人工饲养或培植的	野鬼[乙]、 野鸟[乙]、 野鸭子[丙]、 野兔子[乙]、 野象[乙] 野豆子[丙]、 野玫瑰[丁]、 野人参[丁]			
115	野[丁]$_{2}$	蛮横不讲理；粗鲁没有礼貌	野汉子[*]、 野男人[乙]、 野姑娘[甲]、 野丫头[*]、 野孩子[甲]、 野小子[丁]、 野崽子[*]			

续表

序号	词项	释义	词语搭配	具有文化含义的形名搭配示例		
				汉语	英语	俄语
116	硬$^{乙}_{1}$	物体内部的组织紧密，受外力作用后不容易改变形状	硬东西[甲]、硬刺[乙]、硬石头[乙]、硬胡子[乙] 硬米饭[甲]、硬面包[甲]、硬馒头[乙]、硬饼干[乙]、硬核桃[丁]	硬骨头	hard cash 现金 hard core 核心力量；骨干；中坚力量 hard hat 安全帽 hard line 强硬政策	
117	硬$^{乙}_{3}$	能力强；质量好	硬道理[甲]、硬技术[甲]、硬功夫[乙]、硬任务[乙]、硬牌子[丙]			

续表

序号	词项	释义	词语搭配	具有文化含义的形名搭配示例		
				汉语	英语	俄语
118	原[丁][1]	属性词，原来，本来	原作者[乙]、原书记[乙]、原厂长[丙] 原单位[乙]、原企业[乙]、原部队[乙]、原大队[丙] 原地方[乙]、原位置[乙]、原办公室[甲] 原计划[甲]、原动机[丙]、原方向[甲]、原方案[乙]、原高度[乙]、原工作[甲]、原结构[乙]、原命题[丁]、原设计[乙]、原作品[乙]、原价格[甲]、原收入[乙]、原剧本[丁]			

续表

序号	词项	释义	词语搭配	具有文化含义的形名搭配示例		
				汉语	英语	俄语
119	圆[甲][1]	形状像圆圈或球的	圆眼睛[甲]、圆鼻子[乙]、圆耳朵[乙]、圆脑袋[乙] 圆鸡蛋[甲]、圆豆子[丙]、圆叶子[乙] 圆东西[甲]、圆窗户[甲]、圆桌子[甲]、圆凳子[丙]、圆灯笼[丙]、圆镜子[乙]、圆盘子[乙]、圆石头[乙]、圆桶[乙]、圆缸[丙]、圆珠子[丁]			

续表

序号	词项	释义	词语搭配	具有文化含义的形名搭配示例		
				汉语	英语	俄语
120	脏[甲][1]	不干净	脏衣服[甲]、脏衣裳[丁]、脏裤子[乙]、脏布[甲]、脏毛巾[乙]、脏抹布[丁] 脏东西[甲]、脏手[甲]、脏屋子[甲]、脏碗[甲]、脏筷子[乙]、脏纸[甲]、脏土[乙]、脏活儿[甲]		dirty old man 老色鬼 dirty weekend 与情人厮混的周末	
121	窄[乙][1]	横的距离小	窄道[乙]、窄路[甲]、窄巷[丙]、窄肩膀[丁]、窄孔[乙]、窄口[甲]			узкое место（窄的地方）薄弱环节；弱点

续表

序号	词项	释义	词语搭配	具有文化含义的形名搭配示例		
				汉语	英语	俄语
122	整[丙][1]	全部在内，没有剩余或残缺；完整	整车[甲]、整船[甲]、整包[甲]、整场[甲]、整乡[乙]、整村*、 整班[甲]、整排[乙]、整团[乙]			
123	正[乙][1]	垂直或符合标准方向；刚好	正墙[甲]、正壁[丙]、正对面[乙]、正前方[丙]、正后方[丙]、正南[甲]、正北[甲]、正东[甲]、正西[甲] 正晌午[丁]、正中午[甲]、正当年[乙]		the front line 前线 front office （企业管理）部门，与公众打交道的部门	
124	正[乙][5]	属性词，基本的，主要的	正队长[乙]、正研究员*、正主题[丁] 正白旗*、正红旗*、正黄旗*、正蓝旗*			

续表

序号	词项	释义	词语搭配	具有文化含义的形名搭配示例		
				汉语	英语	俄语
125	直$^{乙}_{1}$	形成直线的	直鼻*、直路甲、直边甲、直线乙、直线路丙、直轨道丙		straight man（表演中）捧哏的配角	
126	重$^{甲}_{1}$	重量大；比重大	重锤丁、重炮乙、重物丁 重担子丁、重活儿甲		heavy hitter（尤指商业或政界的）大亨，要员，大人物	тяжёлая артиллерия（重炮）指不好动的人 тяжёлый ум（重的智慧）脑筋迟钝
127	紫$^{乙}_{1}$	红和蓝合成的颜色	紫衣服甲、紫裙子乙、紫布甲、 紫花甲、紫樱花丁、紫草甲、紫茄子丁 紫云甲、紫雾乙、紫烟丙		purple patch（紫斑）成功的时期；红运	

附表Ⅱ　低自由度单音节形容词词项表

编号	词项	释义	例词
1	矮$^{甲}_{1}$	身材短	矮个儿、矮胖子、矮家伙
2	暗$^{乙}_{1}$	光线不足；黑暗	暗斑、暗洞
3	凹$^{丁}_{1}$	低于周围	凹形、凹窝、凹背、凹洞、凹沟、凹镜、凹洼
4	白$^{甲}_{3}$	没有添加任何东西的	白粥
5	白$^{甲}_{4}$	指丧事	白喜事
6	棒$^{丙}_{1}$	〈口〉体力或能力强；水平高；成绩好	棒小伙、棒小子
7	饱$^{甲}_{1}$	满足了食量	饱汉子不知饿汉子饥
8	饱$^{甲}_{2}$	饱满	饱雨
9	笨$^{乙}_{2}$	不灵巧；不灵活	笨办法、笨笔、笨功夫、笨样子
10	笨$^{乙}_{3}$	费力气的；笨重	笨身子、笨石头、笨东西
11	薄$^{乙}_{3}$	味道不浓；淡	薄粥
12	馋$^{丁}_{1}$	看见好的食物就想吃；专爱吃好吃的	馋猫、馋唇、馋舌、馋猪
13	丑$^{丙}_{1}$	丑陋，不好看	丑妇、丑女婿、丑模样、丑事情、丑媳妇
14	臭$^{乙}_{3}$	拙劣；不高明	臭脚、臭球、臭嘴
15	纯$^{丙}_{1}$	纯净，不含杂质	纯金属、纯尼龙、纯气体、纯铁

续表

编号	词项	释义	例词
16	蠢$^{\text{丁}}_{1}$	蠢笨	蠢蛋、蠢东西、蠢奴才、蠢物、蠢学生、蠢婆娘
17	雌$^{\text{丁}}_{1}$	属性词，生物中能产生卵细胞的	雌鳖、雌鱼、雌鸟
18	次$^{\text{丙}}_{1}$	质量差；品质差	次布、次酒、次烟
19	粗$^{\text{乙}}_{2}$	颗粒大	粗肥、粗沙、粗砂
20	粗$^{\text{乙}}_{3}$	声音大而低	粗喉咙、粗嗓子
21	脆$^{\text{丁}}_{2}$	（较硬的食物）容易弄碎弄裂	脆瓜、脆鸡、脆萝卜
22	错$^{\text{甲}}_{1}$	不正确	错号、错账、错码、错款
23	大$^{\text{甲}}_{2}$	排行第一的	大儿子、大闺女、大弟子、大姑娘
24	大$^{\text{甲}}_{3}$	用在时令或节日前，表示强调	大年根儿
25	呆$^{\text{乙}}_{1}$	头脑迟钝；不灵敏	呆鸟
26	呆$^{\text{乙}}_{2}$	脸上表情死板；发愣	呆相
27	淡$^{\text{乙}}_{1}$	液体或气体所含的某种成分少；稀薄	淡雾、淡云彩
28	淡$^{\text{乙}}_{2}$	味道不浓；不咸	淡奶、淡豆豉、淡盐水
29	低$^{\text{甲}}_{3}$	等级在下的	低职位、低职
30	刁$^{\text{丁}}_{1}$	狡猾	刁猴、刁兵
31	陡$^{\text{丙}}_{1}$	坡度很大，近于垂直	陡峰、陡岩、陡石
32	多$^{\text{甲}}_{1}$	数量大	多层次、多角度、多方位、多视角
33	饿$^{\text{甲}}_{1}$	肚子空，想吃东西	饿鬼、饿狼、饿猫
34	反$^{\text{丙}}_{1}$	颠倒的；方向相背的	反方向、反效果
35	肥$^{\text{乙}}_{2}$	肥沃	肥泥、肥田

续表

编号	词项	释义	例词
36	肥$^{乙}_{4}$	肥大	肥裤腿、肥腿儿
37	疯$^{丙}_{1}$	轻狂；不稳重	疯鬼、疯嘴
38	高$^{甲}_{3}$	等级在上的	高职务
39	乖$^{丙}_{1}$	小孩不闹；听话	乖儿子、乖孩子
40	广$^{丙}_{1}$	面积、范围宽阔	广坪、广袖、广宅
41	旱$^{丙}_{1}$	长时间没有降水 或降水太少	旱荒、旱苗、旱魔、 旱坪、旱土
42	好$^{甲}_{4}$	身体健康、疾病痊愈	好身体
43	黑$^{甲}_{4}$	反动的	黑作家、黑展览、黑文章
44	狠$^{丙}_{1}$	凶恶；残忍	狠茬子、狠主意
45	狠$^{丙}_{3}$	严厉；厉害	狠教练、狠教官、狠地主
46	红$^{甲}_{2}$	象征顺利、成功 或受人欢迎、重视	红巨星
47	滑$^{乙}_{1}$	光滑；滑溜	滑环、滑块、滑片、滑液
48	坏$^{甲}_{3}$	表示身体或精神 受到了某种影响 而达到极不舒服的程度	坏情绪
49	黄$^{甲}_{2}$	象征腐化堕落，特指色情	黄封面
50	活$^{丙}_{2}$	生动活泼；不死板	
51	急$^{甲}_{2}$	容易发怒；急躁	急脾气
52	佳$^{丙}_{1}$	美；好	佳花、佳景、佳矿、 佳篇、佳器、佳趣、 佳日、佳色、佳士
53	奸$^{丁}_{1}$	自私；取巧	奸匪、奸官、奸心
54	尖$^{乙}_{2}$	声音高而细	尖嗓门、尖嗓子、尖声音

续表

编号	词项	释义	例词
55	尖$^{\text{乙}}_{3}$	耳、口、鼻灵敏	尖鼻子、尖耳朵
56	贱$^{\text{丙}}_{1}$	价钱低	贱东西、贱金属
57	贱$^{\text{丙}}_{2}$	卑鄙；下贱	贱像、贱种、贱业
58	僵$^{\text{丙}}_{1}$	僵硬	僵蚕、僵石、僵猪
59	娇$^{\text{丁}}_{1}$	娇气	娇姑娘、娇孙女、娇小姐
60	紧$^{\text{甲}}_{3}$	非常接近，空隙极小	紧袖口
61	紧$^{\text{甲}}_{5}$	经济不宽裕；拮据	紧日子
62	近$^{\text{甲}}_{2}$	亲密；关系亲切	近亲属
63	精$^{\text{丙}}_{1}$	细	精白米、精点心、精料、 精铝、精饲料、精铜
64	静$^{\text{乙}}_{1}$	安定不动	静水
65	绝$^{\text{丙}}_{1}$	独一无二的； 没有人能赶得上的	绝法子
66	俊$^{\text{丁}}_{1}$	相貌清秀好看	俊姑娘、俊后生、俊孩子
67	空$^{\text{丙}}_{1}$ （kòng）	没有被利用 或里面缺少东西	空车厢
68	枯$^{\text{丙}}_{1}$	植物等失去水分	枯岛、枯柴、枯手、 枯树叶、枯树枝、枯炭
69	苦$^{\text{甲}}_{1}$	像胆汁或黄连的味道	苦酒、苦汤汁、苦桃仁、 苦杏仁、苦泉、苦井
70	苦$^{\text{甲}}_{2}$	难受；痛苦	苦孩子、苦生活、苦力气
71	快$^{\text{甲}}_{1}$	速度高；走路、做事等 费的时间短	快节奏、快货、快牛、 快球、快速度
72	快$^{\text{甲}}_{3}$	刀、剪、斧子等锋利	快斧、快钩、快箭
73	宽$^{\text{乙}}_{1}$	横的距离大；范围广	宽背、宽额头、宽肩膀、 宽脸、宽胸膛、宽皮带、

续表

编号	词项	释义	例词
74	阔$^{丙}_{1}$	阔绰；阔气；有钱	阔老爷、阔朋友、 阔少爷、阔太太、阔小姐
75	辣$^{丙}_{1}$	像姜、蒜、辣椒等 有刺激性的味道	辣面、辣豆瓣
76	赖$^{丁}_{1}$	指无赖	赖狗、赖种
77	懒$^{乙}_{1}$	懒惰	懒姑娘、懒婆娘、 懒丫头、懒骨头、 懒家伙、懒猴、懒猪
78	懒$^{乙}_{2}$	疲倦；没有力气	懒样子
79	烂$^{乙}_{1}$	某些固体物质组织 被破坏或水分增加后松软	烂饭、烂泥巴
80	老$^{甲}_{3}$	蔬菜长得过了适口的时期	老黄瓜
81	老$^{甲}_{5}$	某些颜色深	老红色、老绿色
82	老$^{甲}_{6}$	排行在末了的	老儿子、老疙瘩、老姨夫
83	愣$^{丙}_{1}$	形容说话做事 不考虑后果；鲁莽	愣小子
84	凉$^{乙}_{1}$	温度低；冷	凉被窝、凉馒头、 凉窝窝、凉风
85	灵$^{丁}_{2}$	灵验	灵法、灵猴、灵力、灵眼
86	聋$^{丁}_{1}$	耳朵听不见声音，通常 把听觉迟钝也叫聋	聋孩子、聋耳朵
87	慢$^{甲}_{1}$	速度低；走路、做事等 费的时间长	慢功夫、慢节奏、 慢劲儿、慢镜头、慢郎中
88	美$^{乙}_{2}$	令人满意的	美官、美政
89	猛$^{丙}_{1}$	猛烈	猛火、猛狗、猛掌、猛雕

续表

编号	词项	释义	例词
90	密$^{乙}_{1}$	事物之间距离近； 事物的部分之间空间小	密草、密叶
91	妙$^{乙}_{1}$	好；美妙；神奇； 巧妙；奥妙	妙菜、妙句、妙理、 妙品、妙事
92	难$^{甲}_{1}$	不容易；做起来费事	难活儿、难字
93	嫩$^{丙}_{3}$	某些颜色浅	嫩绿色
94	浓$^{乙}_{1}$	液体或气体中 所含的某种成分多；稠密	浓氨水、浓硫酸、 浓溶液、浓盐酸、 浓硝酸、浓盐水、浓咖啡
95	浓$^{乙}_{2}$	程度深	浓褐色、浓红色、浓绿色
96	暖$^{乙}_{1}$	暖和	暖海水、暖炕、 暖空气、暖雾、暖云
97	平$^{乙}_{1}$	表面没有高低凹凸， 不倾斜	平路、平板子、 平石、平屋
98	破$^{甲}_{2}$	讥讽东西或人不好	破法律、破事、破玩意儿
99	巧$^{乙}_{1}$	心思灵敏，技术高明	巧点子
100	巧$^{乙}_{2}$	手、口灵巧	巧舌头、巧媳妇
101	亲$^{丙}_{1}$	属性词，亲生	亲儿子、亲姑娘、 亲女儿、亲孩子
102	轻$^{甲}_{1}$	重量小；比重小	轻杠铃
103	轻$^{甲}_{2}$	数量少；程度浅	轻雾、轻烟、轻霜
104	清$^{乙}_{1}$	（液体或气体） 纯净没有混杂的东西	清泪、清水流、清潭、 清烟、清液
105	热$^{甲}_{2}$	受很多人欢迎的	热话题、热戏
106	软$^{乙}_{1}$	物体内部组织松散，受外 力作用后，容易改变性状	软粪、软泥巴、 软柿子、软桃子
107	生$^{乙}_{1}$	果实没有成熟	生柿子

续表

编号	词项	释义	例词
108	生$^{乙}_{2}$	食物没有煮过或煮得不够	生豆浆、生饭、生鸡蛋、生蚕、生辣椒、生绿豆面
109	生$^{乙}_{3}$	没有进一步加工或炼过	生谷、生泥、生牛皮、生皮子
110	生$^{乙}_{4}$	生疏	生面孔
111	瘦$^{乙}_{2}$	食用的肉脂肪少	瘦猪肉、瘦羊肉
112	瘦$^{乙}_{3}$	衣服鞋袜等窄小	瘦裤腿、瘦衣服、瘦袜子
113	熟$^{甲}_{1}$	植物的果实等完全长成	熟蜜桃、熟枇杷
114	熟$^{甲}_{3}$	加工制造或锻炼过的	熟牛皮、熟皮子
115	熟$^{甲}_{4}$	因常见或常用而知道得清楚	熟面孔
116	死$^{丙}_{2}$	表示达到极点	死顽固
117	死$^{丙}_{3}$	不可调和的	死敌、死对头
118	死$^{丙}_{4}$	固定；死板；不灵活；不能通过	死命令、死规矩、死钱、死水潭
119	素$^{丁}_{1}$	颜色单纯；不艳丽	素茶、素烛、素幔
120	甜$^{乙}_{2}$	形容舒适、愉快	甜歌、甜话、甜嘴巴
121	凸$^{丁}_{1}$	高于周围	凸肚子、凸盖子、凸镜、凸形
122	秃$^{丁}_{2}$	树木没有枝叶；山没有树木	秃树、秃枝、秃山
123	秃$^{丁}_{3}$	物体失去尖端	秃笔头、秃尾巴、秃爪子
124	歪$^{乙}_{1}$	不正；斜；偏	歪脖子、歪形象、歪嘴、歪肩
125	歪$^{乙}_{2}$	不正当的；不正派的	歪理论、歪门儿、歪念头
126	晚$^{甲}_{1}$	时间靠后的	晚棒子、晚豆、晚桃、晚雾、晚云

续表

编号	词项	释义	例词
127	温$^{丙}_{1}$	不冷不热	温开水、温汤、温火
128	细$^{甲}_{3}$	精细	细磁、细功夫、细棉布
129	鲜$^{乙}_{3}$	鲜美	鲜栗羹、鲜莲汤、鲜啤酒
130	闲$^{乙}_{1}$	没有事情； 没有活动；有空	闲日子
131	闲$^{乙}_{2}$	房屋、器物等不在使用中	闲场子
132	险$^{丙}_{1}$	地势险恶、复杂， 不易通过；险要	险道、险景、险路、 险山、险途、险崖、险状
133	香$^{甲}_{1}$	味道好	香巾、香雾
134	小$^{甲}_{2}$	排行最末的	小弟弟、小叔叔、小姨
135	腥$^{丁}_{1}$	有腥气	腥风、腥血
136	凶$^{丙}_{2}$	厉害	凶雕、凶兽、凶魔、 凶物、凶信、凶灾
137	虚$^{丁}_{2}$	虚弱	虚病、虚身子
138	阴$^{甲}_{1}$	泛指空中云层密布，不见 阳光或偶见阳光的天气	阴空、阴坡、阴气、 阴夜、阴云彩
139	硬$^{乙}_{2}$	性格刚强；意志坚定	硬汉子、硬角色
140	远$^{甲}_{1}$	空间或时间的距离长	远树、远源
141	杂$^{乙}_{1}$	多种多样的	杂史、杂市、杂味、杂鱼
142	早$^{甲}_{1}$	时间在先的； 比一定的时间靠前	早棒子、早潮、早地瓜、 早秋、早桑榆、早田、 早雾
143	正$^{乙}_{6}$	属性词，图形的 各个边的长度和各个角的 大小都相等	正三角形、正四边形、 正五边形
144	壮$^{丙}_{1}$	强壮	壮汉子、壮小子、 壮工、壮劳力

附表Ⅲ　无自由度单音节形容词词项表

序号	词项	释义
1	矮$^{\text{甲}}_{3}$	级别、地位低
2	安$^{\text{丙}}_{1}$	安定
3	白$^{\text{甲}}_{2}$	光亮、明亮
4	薄$^{\text{乙}}_{2}$	感情冷淡；不深
5	薄$^{\text{乙}}_{4}$	土地不肥沃
6	惨$^{\text{丙}}_{1}$	悲惨；凄惨
7	惨$^{\text{丙}}_{2}$	程度严重；厉害
8	差$^{\text{乙}}_{1}$	不相同；不相合
9	差$^{\text{乙}}_{2}$	错误
10	差$^{\text{乙}}_{3}$	不好；不够标准
11	馋$^{\text{丁}}_{2}$	看到喜爱的事物希望参与或得利
12	沉$^{\text{丙}}_{1}$	程度深
13	沉$^{\text{丙}}_{2}$	分量重
14	沉$^{\text{丙}}_{3}$	感觉沉重，不舒服
15	迟$^{\text{丙}}_{1}$	比规定的时间或合适的时间靠后
16	纯$^{\text{丙}}_{3}$	纯熟
17	蠢$^{\text{丁}}_{2}$	笨拙
18	粗$^{\text{乙}}_{5}$	疏忽；不周密
19	粗$^{\text{乙}}_{6}$	鲁莽；粗野
20	脆$^{\text{丁}}_{1}$	容易折断破碎

续表

序号	词项	释义
21	脆$^{\text{丁}}_{3}$	声音清脆
22	错$^{\text{甲}}_{2}$	坏、差，用于否定形式
23	淡$^{\text{乙}}_{4}$	冷淡；不热心
24	淡$^{\text{乙}}_{5}$	营业不旺盛
25	独$^{\text{丁}}_{1}$	〈口〉自私；容不得人
26	对$^{\text{甲}}_{1}$	相合；正确；正常
27	多$^{\text{甲}}_{2}$	表示相差的程度大
28	繁$^{\text{丁}}_{1}$	繁多；复杂
29	肥$^{\text{乙}}_{3}$	收入多；油水多
30	干$^{\text{乙}}_{2}$	空虚；空无所有
31	乖$^{\text{丙}}_{2}$	伶俐；机警
32	光$^{\text{乙}}_{2}$	一点儿不剩；全没有了；完了
33	贵$^{\text{甲}}_{1}$	价格高；价值大
34	好$^{\text{甲}}_{2}$	合宜；妥当
35	好$^{\text{甲}}_{5}$	用于套语，好走
36	好$^{\text{甲}}_{6}$	用在动词后，表示完成或达到完善的程度
37	好$^{\text{甲}}_{7}$	表示赞许、同意或结束等语气
38	好$^{\text{甲}}_{8}$	反话，表示不满
39	好$^{\text{甲}}_{9}$	用于动词前，表示容易
40	狠$^{\text{丙}}_{2}$	坚决
41	厚$^{\text{乙}}_{2}$	感情深
42	厚$^{\text{乙}}_{3}$	利润大
43	厚$^{\text{乙}}_{4}$	味道浓
44	厚$^{\text{乙}}_{5}$	家产富有；殷实
45	花$^{\text{甲}}_{2}$	眼睛模糊迷乱

续表

序号	词项	释义
46	滑$^{乙}_{2}$	油滑；狡诈
47	慌$^{乙}_{1}$	慌张
48	急$^{甲}_{1}$	想要马上达到某种目的而激动不安；着急
49	急$^{甲}_{3}$	急迫；紧急
50	挤$^{甲}_{1}$	地方相对地小而人或物等相对地多
51	尖$^{乙}_{4}$	尖刻
52	僵$^{丙}_{2}$	事情难于处理，停滞不前
53	紧$^{甲}_{1}$	物体受到几方面的拉力或压力以后呈现的状态
54	紧$^{甲}_{2}$	物体受外力作用而变得固定或牢固
55	紧$^{甲}_{4}$	动作先后密切接连；事情急
56	近$^{甲}_{1}$	空间或时间距离短
57	精$^{丙}_{2}$	机灵心细
58	精$^{丙}_{3}$	精通
59	静$^{乙}_{2}$	没有声响
60	久$^{甲}_{1}$	时间长
61	均$^{丙}_{1}$	均匀
62	渴$^{甲}_{1}$	口干想喝水
63	枯$^{丙}_{2}$	井、河流等变得没有水
64	快$^{甲}_{2}$	灵敏
65	宽$^{乙}_{2}$	宽大；不严厉；不苛求
66	宽$^{乙}_{3}$	宽裕；宽绰
67	狂$^{丙}_{1}$	狂妄
68	困$^{乙}_{1}$	疲乏想睡
69	辣$^{丙}_{2}$	狠毒
70	烂$^{乙}_{4}$	头绪乱

续表

序号	词项	释义
71	牢$^{丙}_{1}$	牢固；经久
72	老$^{甲}_{4}$	食物火候大
73	累$^{甲}_{1}$	疲劳
74	冷$^{甲}_{2}$	不热情；不温和
75	冷$^{甲}_{3}$	比喻灰心或失望
76	凉$^{乙}_{2}$	比喻灰心或失望
77	亮$^{甲}_{2}$	声音强；响亮
78	亮$^{甲}_{3}$	心胸、思想开朗
79	灵$^{丁}_{1}$	灵活；灵巧
80	乱$^{甲}_{2}$	心绪不宁
81	满$^{甲}_{1}$	全部充实；达到容量的极点
82	慢$^{甲}_{2}$	从缓
83	忙$^{甲}_{1}$	事情多，不得空
84	闷$^{丙}_{1}$（mēn）	气压或空气不流通而引起的不舒畅的感觉
85	闷$^{丙}_{1}$（mèn）	心情不舒畅；心烦
86	嫩$^{丙}_{2}$	指某些食物烹调的时间短，容易咀嚼
87	嫩$^{丙}_{4}$	阅历浅，不老练
88	能$^{丙}_{1}$	有能力的
89	偏$^{丙}_{1}$	不正；倾斜
90	偏$^{丙}_{2}$	仅注重一方面或对人对事不公正
91	平$^{乙}_{2}$	两相比较没有高低、先后；不相上下
92	齐$^{乙}_{1}$	整齐
93	齐$^{乙}_{2}$	同样，一致
94	齐$^{乙}_{3}$	完备；全
95	浅$^{甲}_{2}$	浅显

续表

序号	词项	释义
96	浅$^{甲}_{3}$	浅薄
97	浅$^{甲}_{4}$	感情不深厚
98	浅$^{甲}_{6}$	时间短
99	强$^{乙}_{2}$	感情或意志所要求达到的程度高；坚强
100	强$^{乙}_{3}$	优越；好
101	强$^{乙}_{4}$	用在分数或小数后面，表示略多于此数
102	巧$^{乙}_{3}$	恰好；正遇在某种机会上
103	亲$^{丙}_{3}$	关系近；感情好
104	勤$^{丁}_{1}$	尽力多做或不断地做
105	勤$^{丁}_{2}$	次数多；经常
106	青$^{乙}_{2}$	黑色
107	轻$^{甲}_{3}$	不重要
108	轻$^{甲}_{4}$	用力不猛
109	清$^{乙}_{2}$	清楚
110	晴$^{甲}_{1}$	天空无云或云很少
111	全$^{甲}_{1}$	完备；齐全
112	软$^{乙}_{3}$	软弱
113	软$^{乙}_{4}$	能力弱；质量差
114	软$^{乙}_{5}$	容易被感动或动摇
115	弱$^{乙}_{2}$	差；不如
116	弱$^{乙}_{3}$	用在分数或小数后面，表示略少于此数
117	善$^{丁}_{1}$	善良；慈善
118	少$^{甲}_{1}$（shǎo）	数量少
119	深$^{甲}_{2}$	深奥
120	深$^{甲}_{3}$	深刻；深入

续表

序号	词项	释义
121	深$^{甲}_{4}$	感情深；关系密切
122	深$^{甲}_{6}$	距离开始的时间很久
123	盛$^{丁}_{1}$	兴盛；繁盛
124	盛$^{丁}_{2}$	强烈；旺盛
125	实$^{丁}_{1}$	内部完全填满，没有空隙
126	瘦$^{乙}_{4}$	地力薄；不肥沃
127	熟$^{甲}_{5}$	熟练
128	熟$^{甲}_{6}$	程度深
129	竖$^{丁}_{2}$	从上到下的；从前到后的
130	帅$^{丁}_{1}$	英俊；潇洒；漂亮
131	顺$^{丙}_{1}$	顺利
132	俗$^{丁}_{1}$	庸俗
133	酸$^{甲}_{2}$	悲痛；伤心
134	酸$^{甲}_{3}$	迂腐
135	通$^{甲}_{1}$	通顺
136	头$^{乙}_{1}$	用在数量词前面，表示词序在先的
137	透$^{乙}_{1}$	透彻
138	透$^{乙}_{2}$	达到饱满的、充分的程度
139	秃$^{丁}_{4}$	首尾结构不完整
140	土$^{丙}_{2}$	不合潮流；不开通
141	妥$^{丁}_{1}$	妥当
142	妥$^{丁}_{2}$	齐备；停当，多用在动词后
143	晚$^{甲}_{2}$	比规定的或合适的时间靠后
144	稳$^{乙}_{1}$	稳固、平稳
145	稳$^{乙}_{2}$	稳重

续表

序号	词项	释义
146	稳$^{乙}_{3}$	稳妥
147	稀$^{丙}_{1}$	事物之间距离远；事物的部分之间空隙大
148	细$^{甲}_{4}$	音量小
149	细$^{甲}_{5}$	仔细；详细；周密
150	香$^{甲}_{3}$	吃东西胃口好
151	香$^{甲}_{4}$	睡得踏实
152	香$^{甲}_{5}$	受欢迎；被看重
153	响$^{甲}_{1}$	响亮
154	新$^{甲}_{4}$	结婚的或结婚不久的
155	行$^{甲}_{1}$	能干
156	凶$^{丙}_{1}$	凶恶
157	虚$^{丁}_{1}$	因心里惭愧或没有把握而勇气不足
158	严$^{丙}_{1}$	严密；紧密
159	严$^{丙}_{2}$	严厉；严格
160	痒$^{丁}_{1}$	皮肤或黏膜受到轻微的刺激时引起的想挠的感觉
161	痒$^{丁}_{2}$	比喻想做某事的愿望强烈，难以抑制
162	野$^{丁}_{3}$	不受约束
163	阴$^{甲}_{2}$	阴险；不光明
164	优$^{丁}_{1}$	优良；美好
165	冤$^{丁}_{1}$	上当；吃亏

续表

序号	词项	释义
166	圆$_{2}^{甲}$	圆满；周全
167	远$_{2}^{甲}$	疏远；关系不密切
168	远$_{3}^{甲}$	差别程度大
169	匀$_{1}^{丁}$	均匀
170	糟$_{1}^{丙}$	腐烂；腐朽
171	糟$_{2}^{丙}$	指事情或情况坏
172	早$_{2}^{甲}$	问候的话，用于早上见面时互相招呼
173	窄$_{2}^{乙}$	心胸不开朗；气量小
174	窄$_{3}^{乙}$	生活不宽裕
175	整$_{2}^{丙}$	整齐
176	正$_{2}^{乙}$	正直
177	正$_{3}^{乙}$	正当
178	正$_{4}^{乙}$	色、味醇正
179	正$_{7}^{乙}$	属性词，指失去电子的
180	正$_{8}^{乙}$	属性词，大于零的
181	直$_{2}^{乙}$	跟地面垂直的
182	直$_{3}^{乙}$	从上到下的；从前到后的
183	直$_{4}^{乙}$	直爽；直截
184	中$_{1}^{甲}$	成；行；好
185	重$_{2}^{甲}$	程度深
186	专$_{1}^{丙}$	在学术技能方面有特长
187	准$_{1}^{乙}$	准确
188	足$_{1}^{丙}$	充足；足够

参考文献

[1] 陆志韦 . 北京话单音词词汇 [M]. 北京：科学出版社，1956.

[2] 吕叔湘 . 汉语语法分析问题 [M]. 北京：商务印书馆，1979.

[3] 张志公 . 汉语知识 [M]. 北京：人民教育出版社，1979.

[4] 荷恩毕 . 英语句型和惯用法 [M]. 北京：商务印书馆，1981.

[5] 朱德熙 . 语法讲义 [M]. 北京：商务印书馆，1982.

[6] 马建忠 . 马氏文通 [M]. 北京：商务印书馆，1983.

[7] 萨丕尔 . 语言论 [M]. 北京：商务印书馆，1985.

[8] 王力 . 中国现代语法 [M]. 北京：商务印书馆，1985.

[9] 朱德熙 . 语法答问 [M]. 北京：商务印书馆，1985.

[10] 林杏光，菲白 . 简明汉语义类词典 [M]. 北京：商务印书馆，1987.

[11] 赵克勤 . 古汉语词汇概要 [M]. 杭州：浙江教育出版社，1987.

[12] 王宗炎 . 英汉应用语言学词典 [M]. 长沙：湖南

教育出版社，1988.

[13] 陆丙甫 . 定语的外延性、内涵性和称谓性及其顺序 [M]// 中国语文杂志社 . 语法研究和探索（四）. 北京：北京大学出版社，1988.

[14] 张双棣 . 吕氏春秋词汇研究 [M]. 济南：山东教育出版社，1989.

[15] 黎锦熙 . 新著国语文法 [M]. 北京：商务印书馆，1992.

[16] 张寿康，林杏光 . 现代汉语实词搭配词典 [M]. 北京：商务印书馆，1992.

[17] 冯广艺 . 超常搭配 [M]. 银川：宁夏人民出版社，1993.

[18] 张厚粲 . 心理与教育统计学 [M]. 北京：北京师范大学出版社，1993.

[19] 叶长荫 . 形容词的再分类 [M]// 刘坚，侯精一 . 中国语文研究四十年纪念文集 . 北京：北京语言学院出版社，1993.

[20] 苏新春 . 当代中国词汇学 [M]. 广州：广东教育出版社，1995.

[21] 邢福义 . 汉语语法学 [M]. 长春：东北师范大学出版社，1996.

[22] 张伯江，方梅 . 汉语功能语法研究 [M]. 南昌：江西教育出版社，1996.

[23] 符淮青 . 汉语词汇学史 [M]. 合肥：安徽教育出

版社，1996.

[24] 贺阳 . 性质形容词句法成分功能统计分析 [M]// 胡明扬 . 词类问题考察 . 北京：北京语言学院出版社，1996.

[25] 刘珣 . 对外汉语教学概论 [M]. 北京：北京语言文化大学出版社，1997.

[26] 桂诗春，宁春岩 . 语言学方法论 [M]. 北京：外语教学与研究出版社，1997.

[27] 冯胜利 . 汉语的韵律、词法与句法 [M]. 北京：北京大学出版社，1997.

[28] 张伯江 . 性质形容词的范围和层次 [M]// 中国语文杂志社 . 语法研究和探索（八）. 北京：商务印书馆，1997.

[29] 张敏 . 认知语言学与汉语名词短语 [M]. 北京：中国社会科学出版社，1998.

[30] 沈家煊 . 不对称和标记论 [M]. 南昌：江西教育出版社，1999.

[31] 梁守锵 . 法语搭配词典 [M]. 北京：商务印书馆，1999.

[32] 冯胜利 . 汉语韵律句法学 [M]. 上海：上海教育出版社，2000.

[33] 石毓智 . 肯定和否定的对称与不对称 [M]. 北京：北京语言文化大学出版社，2001.

[34] 邹韶华 . 语用频率效应研究 [M]. 北京：商务印

书馆，2001.

[35] 赵艳芳 . 认知语言学概论 [M]. 上海：上海外语教育出版社，2001.

[36] 张志毅，张庆云 . 词汇语义学 [M]. 北京：商务印书馆，2001.

[37] 苏新春 . 汉语词汇计量研究 [M]. 厦门：厦门大学出版社，2002.

[38] 郭锐 . 现代汉语词类研究 [M]. 北京：商务印书馆，2002.

[39] 杨惠中 . 语料库语言学导论 [M]. 上海：上海外语教育出版社，2002.

[40] 卫乃兴 . 词语搭配的界定与研究体系 [M]. 上海：上海交通大学出版社，2002.

[41] 许嘉璐 . 未了集——许嘉璐讲演录 [M]. 贵阳：贵州人民出版社，2002.

[42] 王灿龙 . 句法组合中单双音节选择的认知解释 [M]// 中国语文杂志社 . 语法研究和探索（十一）. 北京：商务印书馆，2002.

[43] 王立 . 汉语词的社会语言学研究 [M]. 北京：商务印书馆，2003.

[44] 王启龙 . 现代汉语形容词计量研究 [M]. 北京：北京语言文化大学出版社，2003.

[45] 崔艳蕾 . 性质形容词再分类 [M]// 胡明扬 . 词类问题考察续集 . 北京：北京语言大学出版社，2004.

[46] 王改改 . 关于形容词修饰名词的自由度的考察 [M]// 胡明扬 . 词类问题考察续集 [C]. 北京：北京语言大学出版社，2004.

[47] 苏新春 . 汉语释义元语言研究 [M]. 上海：上海教育出版社，2005.

[48] 林从纲 . 实用韩日英汉分类词典 [M]. 北京：北京大学出版社，2006.

[49] 盛炎 . 语言教学原理 [M]. 重庆：重庆出版社，2007.

[50] 辛平 . 面向对外汉语教学的常用动词 V+N 搭配研究 [M]. 北京：世界图书北京出版公司，2014.

[51] 陈琼瓒 . 修饰语和名词之间的“的”字 [J]. 中国语文，1955(10).

[52] 朱德熙 . 现代汉语形容词研究 [J]. 语言研究，1956(1)：83-112.

[53] 吕叔湘 . 形容词使用情况的一个考察 [J]. 中国语文，1965(6)：419-431.

[54] 吕叔湘 . 单音节形容词用法研究 [J]. 中国语文，1966(2)：126-132.

[55] 邢公畹 . 词语搭配问题是不是语法问题 [J]. 安徽师范大学学报（人文社会科学版），1978(4)：28-36.

[56] 陈明远 . 数理统计在汉语研究中的应用 [J]. 中国语文，1981(6)：466.

[57] 文炼 . 词语之间的搭配关系 [J]. 中国语文，

1982(1)：1-9.

[58] 常敬宇 . 词语搭配不当的原因 [J]. 语文研究，1984(1)：62-65.

[59] 缑瑞隆 . 汉语形容词的模糊性和相对性 [J]. 辽宁师范大学学报（社会科学版），1984(3)：86-89.

[60] 莫彭龄，单青 . 三大类实词句法功能的统计分析 [J]. 南京师大学报，1985(3)：55-63.

[61] 路平 . 汉语形容词的模糊性和精确性 [J]. 广西师范学院学报（哲学社会科学版），1986(2)：84-87.

[62] 马挺生 . 试谈词语搭配的形式和条件 [J]. 语言教学与研究，1986(3)：35-47.

[63] 赵学武 . 词语搭配对句型的影响 [J]. 郑州大学学报（哲学社会科学版），1987(4)：82-88.

[64] 张国宪 . 单双音节动作动词搭配功能差异研究 [J]. 上海师范大学学报（哲学社会科学版），1990(1)：141-145.

[65] 宋玉柱 . 语言搭配的类型及其性质 [J]. 世界汉语教学，1990(1)：15-18.

[66] 林杏光 . 词语搭配的性质与研究 [J]. 汉语学习，1990(1)：7-13.

[67] 常敬宇 . 语义在词语搭配中的作用 [J]. 汉语学习，1990(6)：4-8.

[68] 郭先珍，王玲玲 . 褒义、贬义词在搭配中的方向性 [J]. 中国人民大学学报，1991(6)：96-100.

[69] 冯广艺 . 超常搭配的分布和功能 [J]. 绥化师专学报（社会科学版），1992(2)：38-41.

[70] 胡明扬 . 语体和语法 [J]. 汉语学习，1993(2)：1-4.

[71] 邢福义，李向农，丁力，等 . 形容词的 AABB 反义叠结 [J]. 中国语文，1993(5)：343-351.

[72] 王又民 . 汉语常用词分析及词汇教学 [J]. 世界汉语教学，1994(2)：58-62.

[73] 林杏光 . 论词语搭配及其研究 [J]. 语言教学与研究，1994(4)：18-25.

[74] 张国宪 . 论单价形容词 [J]. 语言研究，1995(1)：52-65.

[75] 林杏光 . 张寿康先生与词语搭配研究 [J]. 首都师范大学学报（社会科学版），1995(1)：59-63.

[76] 宋世平 . 反义形容词的不平衡现象 [J]. 荆州师专学报，1995(3)：27-29.

[77] 马庆株 . 多重定名结构中形容词的类别和词序 [J]. 中国语文，1995(5)：357-366.

[78] 刘桂芳 . 词语搭配问题拾零 [J]. 辽宁师范大学学报（社会科学版），1995(6)：44-47.

[79] 冯胜利 . 论汉语的韵律结构及其对句法构造的制约 [J]. 语言研究，1996(1)：108-122.

[80] 李宇明 . 泌阳话性质形容词的重叠及有关的节律问题 [J]. 语言研究，1996(1)：16-25.

[81] 储泽祥 . 汉语规范化中的观察、研究和语值探

求——单音形容词的 AABB 差义叠结现象 [J]. 语言文字应用，1996(1)：80-85.

[82] 徐建华 . 多项多元性单音形容词定语的语序规则 [J]. 汉语学习，1996(3)：16-19.

[83] 张国宪 . 单双音节形容词的选择性差异 [J]. 汉语学习，1996(3)：3-9.

[84] 张国宪 . 形容词的记量 [J]. 世界汉语教学，1996(4)：35-44.

[85] 刘缙 . 对外汉语近义词教学漫谈 [J]. 语言文字应用，1997(1)：20-24.

[86] 孙茂松，黄昌宁，方捷 . 汉语搭配定量分析初探 [J]. 中国语文，1997(1)：29-38.

[87] 马清华 . 汉语单音形容词二叠式程度意义的制约分析 [J]. 语言研究，1997(1)：31-41.

[88] 沈家煊 . 形容词句法功能的标记模式 [J]. 中国语文，1997(4)：242-250.

[89] 冯胜利 . 论汉语的“自然音步”[J]. 中国语文，1998(1)：40-47.

[90] 王红斌 . 绝对程度副词与心理动词组合后所出现的程度义空范畴 [J]. 烟台师范学院学报（哲学社会科学版），1998(1)：63-70.

[91] 程工 . 从跨语言的角度看汉语中的形容词 [J]. 现代外语，1998(2)：17-26.

[92] 束定芳 . 论隐喻的本质及语义特征 [J]. 外国语，

1998(6)：10-19.

[93] 王景丹 . 形容词定语的语义指向分析 [J]. 长春大学学报，1999(1)：56-59.

[94] 孔伶俐 . 新闻语言超常搭配的调查报告 [J]. 湖北师范学院学报（哲学社会科学版），1999(1)：83-85.

[95] 何伟渔 . 从“多多”到“少少”[J]. 咬文嚼字，1999(11)：16-17.

[96] 程娟 . 试论《金瓶梅》单音形容词的构词特征 [J]. 古汉语研究，1999(2)：85-90.

[97] 徐建华，刘富华 . 单音形容词定语的合指析指与语序问题 [J]. 语言教学与研究，1999(3)：97-105.

[98] 黄超洪，段益民 . 汉语语法制约规律和单音反义形容词的语法规约 [J]. 淮阴师范学院学报，1999(6)：103-106.

[99] 汪榕培 . 英语搭配新探 [J]. 外语与外语教学，2000(10)：35-38，56.

[100] 林绿竹 . 试析“中国式英语”的语言特征与文化背景 [J]. 黎明职业大学学报，2000(2)：40-46.

[101] 王玉华 .“单音节形容词＋了”用法特点考察 [J]. 天津外国语学院学报，2000(4)：71-74.

[102] 闻扬，苑春法，黄昌宁 . 基于搭配对的汉语形容词——名词聚类 [J]. 中文信息学报，2000(6)：45.

[103] 王洪君 . 汉语的韵律词与韵律短语 [J]. 中国语文，2000(6)：525-536.

[104] 罗思明，李建军 . 词语搭配浅论 [J]. 安徽农业技术师范学院学报，2001(1)：67-69.

[105] 杨亦鸣，曹明，沈兴安 . 国外大脑词库研究概观 [J]. 当代语言学，2001(2)：90-108.

[106] 李泉 . 同义单双音节形容词对比研究 [J]. 世界汉语教学，2001(4)：20-31.

[107] 孙健，王伟，钟义信 . 基于统计的常用词搭配（Collocation）的发现方法 [J]. 情报学报，2002(1)：12-16.

[108] 王寅 . 认知语言学的哲学基础：体验哲学 [J]. 外语教学与研究，2002(2)：82-89,160.

[109] 郭文国 . 状语位置单音形容词的语义特点 [J]. 语文知识，2002(3)：34-36.

[110] 方艳 . 论词语搭配与对外汉语教学 [J]. 连云港职业技术学院学报，2002(3)：58-61.

[111] 马骏 . 单音形容词的叠合 [J]. 吉首大学学报（社会科学版），2002(4)：100-103.

[112] 王文斌 . 词及词义心理研究——对心理词典论的考察 [J]. 现代外语，2002(4)：423-433.

[113] 李军，任永军 . 空间纬度词“大、小”的隐喻义认知分析 [J]. 青岛海洋大学学报，2002(4)：58-62.

[114] 罗凤文，梁兴莉，陆效用 . 词块教学与外语学习者语言输出 [J]. 山东外语教学，2002(6)：31-34.

[115] 刘晋利，张黎敏 . 多个单音形容词作定语的语

序问题 [J]. 太原教育学院学报，2003(1)：44-46.

[116] 徐通锵 . 音节的音义关联和汉语的变音 [J]. 语文研究，2003(3)：1-8.

[117] 邓耀臣 . 词语搭配研究中的统计方法 [J]. 大连海事大学学报（社会科学版），2003(4)：74-77.

[118] 濮建忠 . 英语词汇教学中的类联接、搭配及词块 [J]. 外语教学与研究，2003(6)：438-445，481.

[119] 白妙青，郑家恒 . 动词与动词搭配类型的自动标注方法 [J]. 山西大学学报（自然科学版），2004(1)：27-31.

[120] 徐彩华，张必隐 . 汉语单字词的通达：词频和累计频率的作用 [J]. 心理科学，2004(2)：407-409.

[121] 刘璐，郑家恒 . 动词－动词搭配关系的自动标注方法 [J]. 计算机工程，2004(20)：47-49.

[122] 曲维光，陈小荷，吉根林 . 基于框架的词语搭配自动抽取方法 [J]. 计算机工程，2004(23)：22-24,195.

[123] 陈青松 . 比喻相异点的句法实现谈“大”、“小”修饰名词性喻体的一种功能 [J]. 中国语文，2004(4)：314-322,383.

[124] 刘春梅 . 通过教材编写改善对外汉语的离合词教学 [J]. 云南师范大学学报，2004(6)：8-12.

[125] 戴连云 . 词语搭配变异及其修辞功能 [J]. 通化师范学院学报，2005(1)：120-122.

[126] 张国宪 . 形名组合的韵律组配图及其韵律的语

言地位 [J]. 当代语言学，2005(1)：35-52，93.

[127] 邓耀臣，王同顺 . 词语搭配抽取的统计方法及计算机实现 [J]. 外语电化教学，2005(105)：25-28.

[128] 靳光瑾，肖航，富丽，等 . 现代汉语语料库建设及深加工 [J]. 语言文字应用，2005(2)：111-120.

[129] 齐春红 . 对外汉语教学中的词语搭配研究 [J]. 云南师范大学学报，2005(2)：18-23.

[130] 鲍成莲 . 文化对词汇意义取舍的影响 [J]. 郑州航空工业管理学院学报（社会科学版），2005(2)：41-42，45.

[131] 由丽萍，王素格 . 汉语动词一动词搭配规则与分布特征 [J]. 计算机工程与应用，2005(23)：179-181.

[132] 董岩 . 语言哲学对外语教学的启示 [J]. 天津外国语学院学报，2005(3)：72-76.

[133] 崔希亮 . 欧美学生汉语介词习得的特点及偏误分析 [J]. 世界汉语教学，2005(3)：83-95，115-116.

[134] 李曙英 . 词语搭配与词汇学习 [J]. 江苏技术师范学院学报，2005(3)：91-94.

[135] 汤闻励 . 英语词语搭配能力与英语输出的质量 [J]. 外语研究，2005(4)：45-48.

[136] 王泽鹏，张燕春 . 语义韵律理论 [J]. 同济大学学报（社会科学版），2005(4)：86-93.

[137] 沈涓 . 浅谈英语词汇的文化内涵 [J]. 成都教育学院学报，2005(5)：37-39.

[138] 章礼霞 . 语言的模糊性质对社会科学定量型研究的影响 [J]. 合肥工业大学学报（社会科学版），2005(5)：53-57.

[139] 高兵，高峰强 . 汉语字词中识别词频和语义透明度的交互作用 [J]. 心理科学，2005(6)：1358-1365.

[140] 杜艳青 . 韩国学生汉语词语偏误分析 [J]. 安阳师范学院学报，2006(1):102-104.

[141] 彭其伟，王素格 . 动词与动词搭配评价体系阈值定量分析 [J]. 电脑开发与应用，2006(1)：12-14.

[142] 杨军玲，王素格 . 基于改进互信息的动名搭配自动获取方法 [J]. 山西大学学报（自然科学版），2006(1)：19-21.

[143]刘明志.词语的超常规搭配[J].辽宁师专学报(社会科学版)，2006(1)：31，47.

[144] 张国宪 . 性质形容词重论 [J]. 世界汉语教学，2006(1)：5-17，2.

[145] 万玉兰 . 四字词组的认知与翻译 [J]. 江西财经大学学报，2006(1)：77-79.

[146] 甄天元，任秋兰，尹海良 . 词语搭配的界定与研究概况 [J]. 莱阳农学院学报（社会科学版），2006(1)：81-84.

[147] 黄天树 .《殷墟花园庄东地甲骨》中所见虚词的搭配和对举 [J]. 清华大学学报（哲学社会学版），2006(2)：89-95.

[148] 王洪俊，施水才，俞士汶，等 . 词义演化的计算方法 [J]. 广西师范大学学报（自然科学版），2006(4)：183-186.

[149] 车艳妮，赵桂欣 .《诗经》单音节形容词词义的发展变化浅析 [J]. 牡丹江教育学院学报，2006(4)：34-35.

[150] 丁政 . 搭配词统计分析与 Excel 实现 [J]. 洛阳师范学院学报，2006(5)：100-102.

[151] 李劲荣 .“V 单＋得＋形性”结构的语义分析 [J]. 云南师范大学学报，2006(5)：56-61.

[152] 汪强 .《孟子》中的单音节形容词研究 [J]. 郑州航空工业管理学院学报（社会科学版），2006(6)：82-84.

[153] 赖华强 . 语文词汇定量研究：现状和可资利用的成果 [J]. 语言教学，2006(8)：57-59.

[154] 杨希英 . 从单音反义形容词看汉语语境明确语义的功能 [J]. 西南民族大学学报（人文社科版），2006(9)：227-231.

[155] 刘欣宇 .“单音节形容词＋双音节名词”结构 [J]. 现代语文，2006(9)：32-33.

[156] 邱大平，何固佳 . 从顺应论角度看英汉词语搭配差异 [J]. 南华大学学报（社会科学版），2007(1)：114-116.

[157] 杨波，赵静 . 电子词典与纸质词典在英语搭配应用中的对比研究 [J]. 希望月报，2007(2):21-22.

[158] 方寅，张成福 . 动词与动量词搭配规律的认知分析 [J]. 徐州师范大学学报（哲学社会科学版），2007(2)：60-64.

[159] 杨同用，司敬新 . 搭配类型与对外汉语实词搭配词典的编纂 [J]. 辞书研究，2007(2)：62-70.

[160] 石锓 . 从叠加到重叠：汉语形容词 AABB 重叠形式的历时演变 [J]. 语言研究，2007(2)：99-105.

[161] 龙涛，杨逢彬 . 从“三斤鱼”的歧义现象看个体名词与度量词的相互搭配（一）[J]. 武汉大学学报（人文科学版），2007(3)：317-322.

[162] 郑旭玲，周昌乐，李堂秋，等 . 基于关联规则挖掘的汉语语义搭配规则获取方法 [J]. 厦门大学学报（自然科学版），2007(3)：331-336.

[163] 王锦，陈群秀 . 汉语述语形容词机器词典机器学习词聚类研究 [J]. 中文信息学报，2007(3)：40-46.

[164] 陈友勋 . 轭式搭配的认知理据 [J]. 重庆文理学院学报，2007(3)：61-63，70.

[165] 张玮，孙乐，冯元勇，等 . 词汇搭配和用户模型在拼音输入法中的应用 [J]. 中文信息学报，2007(4)：105-110.

[166] 王素格，杨军玲，张武 . 基于最大熵模型与投票法的汉语动词与动词搭配识别 [J]. 小型微型计算机系统，2007(7)：1306-1310.

[167] 姚建民，屈蕴茜，朱巧明，等 . 大规模语料库

中自动搭配获取的统计方法研究 [J]. 计算机工程与设计，2007(9)：2154-2155，2180.

[168] 王大亮，涂序彦，郑雪峰，等 . 多策略融合的搭配抽取方法 [J]. 清华大学学报（自然科学版），2008(4)：608-612.

[169] 吴颖 . 现代汉语单音节形容词语义结构研究 [D]. 上海：上海师范大学，2002.

[170] 张军 . 单双音节意欲形容词句法语义特征考察 [D]. 武汉：华中师范大学，2002.

[171] 孙薇 . 单音节形容词做定语和谓语的历时性考察 [D]. 长沙：湖南师范大学，2003.

[172] 李艳红 .《汉书》单音节形容词同义关系研究 [D]. 成都：四川大学，2004.

[173] 宋晖 . 单音节反义形容词不对称现象研究 [D]. 长春：吉林大学，2004.

[174] 刘莉芳 . 山西晋语形容词重叠研究 [D]. 广州：华南师范大学，2004.

[175] 李泉 . 单音形容词原型性研究 [D]. 北京：北京语言大学，2005.

[176] 杨小伶 . 单音节形容词的搭配结构及搭配词典的选择 [D]. 石家庄：河北师范大学，2006.

[177] 陈川 . 单音节形容词修饰名词的结构方式及其原则 [D]. 成都：四川大学，2006.

[178] 武海亮 .《史记》品行类单音节形容词同义关

系研究 [D]. 呼和浩特：内蒙古大学，2006.

[179] 张和生 . 汉语义类与汉字形类研究及其在汉语作为第二语言教学中的应用 [D]. 北京：北京师范大学，2007.

[180] 武氏秋香 . 汉、越语多项定语语序对比及教学研究 [D]. 上海：华东师范大学，2007.

[181] 束定芳 . 前言 [A]// 束定芳 . 语言的认知研究——认知语言学论文精选 . 上海：上海外语教育出版社，2004.

[182] 林焘 . 序 [Z]// 李晓琪 . 汉语常用词用法词典 . 北京：北京大学出版社，1997.

[183]BECKERJ.The phrasal lexicon[M].Cambridge Mass:Bolt and Newman.1975.

[184]HALLIDAYMAK,HASANR. Cohesion in English[M].London: Longman,1976.

[185]PALMERFR.Semantics[M].Cambridge: CUP,[1986.

[186]NATIONISP. Learning vocabulary in another language[M].Cambridge: CUP,2001.

[187]CANALEM,SWAINM.Theoretical bases of communicative approaches to second language teaching and testing [J]. Applied Linguistics,1980(1)：1-47.

[188]MCCAWLEYJD.Justifying part-of-speech assignments in Mandarin Chinese[J].Journal of Chinese

Linguistics,1992（2）：211-245.

[189]Ярцева В.Н. Большой Энциклопедический словарь [Z], М: Языкознание, 1998.